LES CONTRE-TEMS

COMEDIE EN VERS,

EN TROIS ACTES.

Par Mr. DE LA GRANGE.

A PARIS,

Chez PRAULT Fils, Quay de Conty, à la descente
du Pont-Neuf, à la Charité.

M. DCC. XXXVI.

Avec Approbation & Privilege du Roy.

ERRATA.

PAge 9. ligne 8. aux éclaircissemens , (*lisez*) à l'éclaircissement. Page 10. ligne 8. reçoi un peu mieux (*lisez*) reçoit un peu mieux. Page 11. ligne 3. Madame ne veut pas (*lisez*) parce qu'on ne veut pas. Page 20. ligne 4. est encore jeune & belle (*lisez*) est très-jeune & très-belle. Page 21. ligne 1. ce qui peut aviser du jour au lendemain il ne faut &c. Page 25. ligne 7. qui sembloient assurer (*lisez*) qui sembloient l'assurer. Page 31. ligne 18. est un mot (*lisez*) en un mot. Page 32. ligne 13. tires moi (*lisez*) tire moi. Page 34. ligne 10. mais je ne puis encore (*lisez*) mais je ne puis encor. Page 50. ligne 4. à ma flamme (*lisez*) à ma flâme. Page idem. derniere ligne , il fait depuis long-temps l'objet de mon attente. Page 52. ligne 17. je vous deffends encore (*lisez*) je vous deffends encor. Page 54. ligne 13. & je ne puis encore (*lisez*) & je ne puis encor. Page 58. ligne 8. Frosine fait sortir (*lisez*) Frosine fais sortir. Page 62. ligne 4. meritiez gueres (*lisez*) meritiez guere. Page 79. ligne 21. fuis pour toûjours (*lisez*) fui pour toûjours. Page 83. ligne 14. & de le tromper (*lisez*) & de le détromper. Page 85. ligne 19. rarement &c. commun (*lisez*) rarement est commun.

PRIVILEGE DU ROI.

LOUIS, par la grace de Dieu, Roi de France & de Navarre, à nos amez & feaux Confeillers les gens tenans nos Cours de Parlement, Maîtres des Requêtes ordinaires de nôtre Hôtel, Grand Confeil, Prevôt de Paris, Baillifs Senéchaux leurs Lieutenans Civils, & autres nos jufticiers qu'il appartiendra, SALUT. Notre bien-amé LAURENT-FRANÇOIS PRAULT fils, Libraire à Paris, Nous ayant fait remontrer qu'il fouhaiteroit faire imprimer & donner au Public *les Contre-Temps*; Comédies en vers, *le Legs* Comédie en profe par le Sieur Marivaux, s'il nous plaifoit lui accorder nos Lettres de privilege fur ce né-cessaires; offrant pour cet effet de les faire imprimer en bon papier & beaux caracteres fuivant la feuille imprimée & attachée pour modele fous le con-tre-fcel des Préfentes. A CES CAUSES voulant traiter favorablement le-dit Expofant, Nous lui avons permis & permettons par ces Prefentes de faire imprimer lefdits Livres ci-deffus fpecifiés, en un ou plufieurs volu-mes, conjointement ou feparément, & autant de fois que bon lui femble-ra fur papier & caracteres conformes à ladite feüille imprimée & attachée fous nôtre contre-fcel, & de les vendre, faire vendre & débiter par tout nôtre Royaume, pendant le temps de fix années confécutives, à compter du jour de la date defdites Prefentes; faifons défenfes à toutes fortes de perfonnes de quelque qualité & condition qu'elles foient, d'en introduire d'im-preffion étrangere dans aucun lieu de notre obéiffance; comme auffi à tous Libraires, Imprimeurs & autres, d'imprimer, faire imprimer, vendre, faire vendre, débiter, ni contrefaire lefdits Livres ci-deffus expofé, en tout ni en partie, ni d'en faire aucuns Extraits fous quelque prétexte que ce foit, d'augmentation, correction, changement de titre ou autrement; fans la per-miffion expreffe & par écrit dudit Expofant, ou de ceux qui auront droit de lui, à peine de confifcation des Exemplaires contrefaits, de trois mille livres d'amende contre chacun des contrevenans, dont un tiers à Nous, un tiers à l'Hôtel-Dieu de Paris, l'autre tiers audit Expofant, & de tous dépens, dommages & intérêts; à la charge que ces Prefentes feront enregiftrées tout au long fur le regiftre de la Communauté des Libraires & Imprimeurs de Pa-ris, dans trois mois de la date d'icelles; que l'impreffion de fes Livres fera faite dans notre Royaume & non ailleurs, & que l'Impétrant fe conformera en tout aux Reglemens de la Librairie, & notamment à celui du dixiéme A-vril mil fept cent vingt-cinq; & qu'avant que de les expofer en vente, les Manufcrits ou Imprimés qui auront fervi de copie à l'impreffion defdits Li-vres, feront remis dans le même état où les approbations y auront été don-nées ès mains de notre très-cher & féal Chevalier Garde des Sceaux de Fran-ce le Sieur Chauvelin; le tout à peine de nullité des Préfentes. Du contenu defquelles vous mandons & enjoignons de faire joüir l'Expofant ou fes ayans-caufe, pleinement & paifiblement, fans fouffrir qu'il leur foit fait aucun trouble ou empêchement. Voulons que la copie defdites Préfentes, qui fera imprimée tout au long au commencement ou à la fin defdits Livres, foit te-nuë pour düement fignifiée, & qu'aux copies collationnées par l'un de nos amés & féaux Confeillers & Secretaires, foi foit ajoutée comme à l'origi-nal; Commandons au premier notre Huiffier ou Sergent de faire pour l'é-xécution d'icelles tous actes requis & néceffaires, fans demander autre per-miffion, & nonobftant Clameur de Haro, Chartre Normande, & Lettres à ce contraires. CAR tel eft nôtre plaifir. DONNE' à Verfailles le dixiéme jour du mois de juin, l'an de grace mil fept cent trente-fix, & de notre Re-gne le vingt-uniéme. Par le Roi en fon Confeil. *Signé*, SAINSON.

Regiftré fur le Regiftre IX. de la Chambre Royale & Syndicale des Libraires & Imprimeurs de Paris, N. 315. fol. 218. conformément aux anciens Re-glemens confirmés par celui du 28. Fevrier 1725. A Paris ce 15. Juillet 1736. Signé, G. MARTIN, *Syndic.*

ACTEURS.

CONSTANCE, fille de Chrisante.

ANGELIQUE.

DAMIS, Amant de Constance.

VALERE, Amant d'Angélique.

CHRISANTE, Pere de Constance.

FROSINE, Suivante de Constance.

LISETTE, Suivante d'Angélique.

ARLEQUIN, Valet de Valere.

LES CONTRE-TEMS

COMEDIE EN VERS,

EN TROIS ACTES.

ACTE PREMIER.

Le Theatre represente un Jardin public.

SCENE PREMIERE.

ANGELIQUE, VALERE, LISETTE.

ANGELIQUE.

DE grace cessez d'y prétendre ;
Ne vous obstinez pas à sçavoir qui je suis,
Dans quelque tems je pourrai vous l'apprendre ,
Mais à present je ne le puis.

VALERE.

C'est ce que je ne puis comprendre ;
Pourquoy donc ce silence ? Et qu'en dois-je penser ?

A

LISETTE.

A le rompre, Monsieur, à quoi bon nous forcer?

ANGELIQUE.

J'ignore à quoi mon nom vous seroit necessaire,
Et cette curiosité . . . .

VALERE.

Je ne sçai point en verité
Quel motif vous oblige à m'en faire un mystere.

ANGELIQUE.

Vous le pouvez pourtant concevoir aisément;
Il me faut de vos feux une entiere assûrance,
Et quoique san experience,
Je sçai, que très-souvent, tel que l'on croit Amant,
N'en a que la simple apparence.

LISETTE.

Il convient fort d'avoir un peu de défiance.

VALERE.

Pourriez-vous soupçonner l'amour le plus parfait?

ANGELIQUE.

Mais n'êtes-vous pas satisfait?
Direz-vous que ma complaisance
N'en a pas encore assez fait?

LISETTE.

Monsieur, vous êtes indiscret ;
Rapellez-vous comment vint votre connoissance :
Ce fut, vous le sçavez, dans ce même Jardin,
Où nous nous promenions toutes deux sans dessein ;
Vous vintes aborder Madame,
Qui voulut avoir la bonté
De ne point se fâcher de cette liberté ;
Vôtre air noble & galant sçut vous gagner son ame ;
Vous eûtes un long entretien :
A celui-là, Monsieur, ont succédé bien d'autres,
Madame, de la voir vous fournit le moyen,
Et ses empressemens récompensent les vôtres ;
Qu'exigez-vous de plus ? Mais je n'y conçois rien.

VALERE.

Je voudrois voir la fin d'un refus qui me blesse ;
Vous devez accorder ce prix à ma tendresse ;
Si, près de vous, mes soins ont réüssi.

LISETTE.

Cela n'est point douteux ; & vous devez comprendre,
Lorsque Madame vient ici,
Qu'elle est tous les matins très-exacte à s'y rendre ;
Que c'est pour le plaisir de vous y voir aussi.
Est-il besoin qu'on vous répete,
Que de vos soins son ame est satisfaite ?

A ij

Que pour vous son cœur prévenu,
S'applaudit du moment où l'on vous a connu ?

ANGELIQUE.

Oüi, Valere, je puis vous avoüer sans crime,
Que vous m'avez paru digne de mon estime;
Que, loin de vous en faire un injuste refus,
J'ai, peut-être senti, quelque chose de plus;
Vous dire ce que c'est, me seroit difficile;
     Je ne suis point assez habile :
Et comme à le chercher, je prétends m'occuper,
Laissez-moi tout le tems de le déveloper;
J'ai sçu rendre justice à l'ardeur qui vous presse,
Peut-être qu'en ce jour le même trait me blesse,
Et qu'un peu trop sensible à vos empressemens,
Mon cœur ressent pour vous les mêmes sentimens;
Si la chose est ainsi, je subirai sans peine,
Un sort où je vois bien que le penchant m'entraîne.

LISETTE.

C'est s'expliquer avec clarté.

VALERE.

De ce discours je serois trop flatté,
     Si par un refus qui m'accable,
Vous ne démentiez pas ce qu'il a d'agréable;
Mais y puis-je trouver quelque sincerité ?
     Quand vous vous obstinez encore

A me cacher le nom de celle que j'adore ?
      Ah ! pourquoi m'en faire un secret ?
Croyez-vous que je sois imprudent , indiscret ?
      Qu'en étourdi j'aille faire connoître
      L'ardeur que vous avez fait naître,
Et débiter par tout, que l'objet de mes fœux
A reçu mon hommage. & répond à mes vœux ?
      A ce bonheur j'aurois droit de prétendre,
Si vous le réserviez à l'Amant le plus tendre :
      Oüi, j'aurois lieu de m'en flatter,
Si mes soins, mon respect, pouvoient le mériter;
Mais quand j'en aurois même une preuve certaine,
Ne pensez-pas qu'alors mon ame en fût plus vaine,
Non, quoiqu'un tel bonheur ait de quoi l'éblouïr,
      L'Amant doit y borner sa gloire,
      Et ne chercher dans sa victoire
      Que le seul plaisir d'en joüir.

LISETTE.

Ce projet, quoique beau, pourroit s'évanoüir,
      Tout est sujet à l'inconstance.

ANGELIQUE.

Soyez toûjours soumis, tendre, respectueux,
      Je pourrai répondre à vos vœux,
   Quand je verrai votre persévérance;
      Mais ce ne sera pas plûtôt.

LISETTE.

Nous le devons avec prudence,
Et voilà justement le garant qu'il nous faut.

VALERE.

Ah ! je n'en doute plus, Madame,
Mes soins n'ont pû toucher vôtre ame,
Non, non, sur vôtre amour je ne dois plus compter ;
Mais quelles que soient mes allarmes,
Je cesserai de voir vos charmes :
Ils n'ont déja que trop sçu m'arrêter.

ANGELIQUE.

Quel est votre dessein ? Et que voulez-vous faire ?

VALERE.

Je veux m'éloigner de ces lieux,
Et ne plus offrir à vos yeux
Un objet qui peut vous déplaire.

SCENE II.

ANGELIQUE, VALERE, LISETTE, ARLEQUIN.

ARLEQUIN *à Lisette.*

POur te trouver ici j'ai couru de mon mieux,
Bonjour, mon adorable brune.

LISETTE, *froidement.*

Bonjour.

ARLEQUIN.

Tu dis cela d'un ton bien serieux?

LISETTE.

Tu peux ailleurs chercher fortune,
Plus de commerce entre nous deux.

ARLEQUIN.

Explique-toi, que veux-tu dire?

LISETTE.

Ton Maître peut t'en informer,
Par un caprice que j'admire
Il se souftrait à nôtre Empire:
Ainsi, je ne dois plus t'aimer.

ARLEQUIN.

Cela ne fe peut pas, je crois que tu veux rire.
Monfieur, dites-moi ce que c'eft.

VALERE.

Arlequin, va fans plus attendre,
Et que pour mon départ au-plûtôt tout foit prêt.

ARLEQUIN.

Un petit moment, s'il vous plaît,
'A ce deffein fi prompt je ne puis rien comprendre.
Que je fçache du moins quel en eft le fujet?

ANGELIQUE.

Oüi, oüi, partez Monfieur, contentez votre envie,
Je ne veux point vous retenir,
Mais fongez que de vous j'aurai, toute ma vie,
Le plus odieux fouvenir.

ARLEQUIN.

Doit-on fi brufquement s'éloigner d'une belle?
En verité vous avez tort,
Voyons, quelle eft votre querelle?
Je veux avoir l'honneur de vous mettre d'accord.

ANGELIQUE.

J'avois trop-tôt compté fur votre cœur, peut-être,
Je le vois bien, Monfieur......

VALERE.

Vous me faites connoître,
Madame, que la passion
Que vos beaux yeux avoient fait naître,
N'a jamais fait sur vous la moindre impression.
Que la flâme la plus ardente . . . . . .

ANGELIQUE.

Vous m'en donnez assûrément
Une preuve très convaincante.

ARLEQUIN.

Hé venez-en, de grace, aux éclaircissemens.
(à Valere.) De quoy vous plaignez-vous ?

VALERE à part.

Quelle rigueur extrême !

ARLEQUIN à Angelique.

Dites-moi . . . . . .

ANGELIQUE à part.

Quel entêtement !

ARLEQUIN à Lisette.

Mais, explique moi-donc . . . . . .

LISETTE à part.

On lui fait voir qu'on l'aime :
On répond comme on doit à ses soins empressez . . . .

ARLEQUIN.

Hé bien ?

LISETTE.

Il trouve encor que ce n'est pas assez.

ARLEQUIN *à Valere*.

Hô ! vous n'êtes pas raisonnable.

VALERE *à part*.

Loin de répondre à mes justes desirs,
De mépris l'ingrate m'accable,
Et mes tourmens font ses plaisirs.

ARLEQUIN *à Angelique*.

Fy, cela n'est pas bien, ma charmante soûbrette,
Reçoi un peu mieux mes soupirs ;
(à Lisette) Allons, aide-moi, ma poulette
A raccommoder ces Amants.

LISETTE.

Cela me paroît difficile ;
Et je craindrois de prendre une peine inutile :
Ils ne s'entendent pas.

ARLEQUIN.

Quels sont les fondemens
De cette rupture subite ?

LISETTE.
Un rien.

VALERE.
Dont le refus m'irrite,

LISETTE.
Madame ne veut pas l'informer de son nom;
Monsieur & s'allarme, & s'agite,
Et veut se fâcher tout de bon.

ARLEQUIN *à Angelique.*
Madame, dans le fonds la faveur est petite;
Faut-il ainsi se broüiller pour un rien ?
Tenez, je sçais le vrai moyen
De vous mettre d'accord peut-être;
Que chacun se fasse connoître,
Que l'on dise son nom, Arlequin est le mien;
Valere est celui de mon Maître:
Dîtes-nous à present & le vôtre, & le rien.

LISETTE.
Et voilà justement où gît tout le mystere;
Ma Maîtresse a, je crois, promis de n'en rien faire;
Et moi, j'en fais autant par imitation.

ARLEQUIN.
Bon, bon, la promesse est frivole,
Les Dames ne sont pas dans l'obligation

De s'acquitter de leur parole ;
Ainſi , plus de diſcuſſion.

VALERE.

Ne me refuſez pas , Madame ,
Le ſeul prix qu'aujourd'hui vous demandent mes ſoins.

ARLEQUIN.

Oüi , nous devons ſçavoir au moins
Pour qui nous reſſentons une ſi **vive** flâme.

VALERE *à Angelique.*

De grace . . . . .

ARLEQUIN *à Liſette.*
Par pitié . . . .

VALERE *à Angelique.*

Pouvez-vous réſiſter ?

ARLEQUIN *à Liſette.*

Faut-il ainſi nous rebuter ?

ANGELIQUE.

Il eſt tems que je me retire ;
Je vous laiſſe , Monſieur.

LISETTE *à Arlequin.*
Adieu . .

VALERE.

Sans me rien dire ?

ARLEQUIN.

Et moi je vais suivre leurs pas,
Bientôt je viendrai vous instruire
De ce qu'elles ne disent pas.

ANGELIQUE.

Empêchez ce garçon . . . . .

ARLEQUIN.

Bon, bon, laissez-moi faire.

ANGELIQUE.

Soyez dans ce Jardin dans une heure au plus-tard,
Quelqu'un pour vous parler y viendra de ma part,
Et l'on pourra vous satisfaire :
(*bas à Lisette*) Nous sortons à propos, je vois venir
mon Frere. *{ Elles sortent, & Lisett.*
en s'en allant donne un
coup d'œil gracieux à
Arlequin. }*

ARLEQUIN

Moi, je lis mon espoir dans ce tendre regard.

SCENE III.
VALERE, ARLEQUIN.

ARLEQUIN.

Vous le voyez, Monſieur, elle devient traitable;
Là, convenez de bonne foy
Que j'ai l'eſprit brillant, & l'adreſſe admirable.

VALERE,

Perſonne n'en a plus que toi
Mais j'aperçois Damis.

SCENE IV.
VALERE, DAMIS, ARLEQUIN.

DAMIS.

AH! te voilà, Valere!
Qui te conduit dans ce Jardin?

VALERE

Je viens y reſpirer la fraîcheur du matin;
Et toi Damis, qu'y viens-tu faire?

DAMIS.

J'y ſuis venu dans le même deſſein.

ARLEQUIN.

Un semblable motif y conduit Arlequin.

VALERE.

Ça, parlons-nous avec franchise;
Je crois que c'est l'amour qui te conduit ici.

DAMIS.

De mon côté, je crois sans craindre de méprise,
Qu'entraîné par l'amour, on t'y rencontre aussi.

VALERE.

Tu le crois?

DAMIS.

Je le pense ainsi.

VALERE.

Tu ne te trompes pas, une beauté charmante
Me fait brûler du plus parfait amour.

DAMIS.

Fort bien.

ARLEQUIN.

Et moi, Monsieur, j'adore sa suivante;
Brune, piquante, & faite au tour.

DAMIS.

Sans doute d'un juste retour
On a recompensé ta flâme ?

ARLEQUIN.

Vous pensez-bien, Monsieur.... ?

VALERE.

Oüi, de ce doux espoir
Tout jusqu'ici flatte mon ame.

ARLEQUIN.

Pour nous faire adorer, nous n'avons qu'à vouloir ;
Nous avons des moyens de plaire
Qui sur les cœurs ont tout pouvoir.

DAMIS.

C'est être réservé, Valere ;
Je m'imaginois cependant
Que méritant le nom de ton ami sincere,
Je pouvois mériter d'être ton confident ;
Toi seul de mes secrets es le dépositaire,
Tu demeures dans ma maison ;
Rien n'est égal à notre liaison ;
Pourquoi de ton amour m'avoir fait un mystere ?
Je serois curieux d'en sçavoir la raison.

ARLEQUIN.

ARLEQUIN.

Monsieur, en fait d'amour, on a certain scrupule,
Et mon maître est d'ailleurs plein de discretion.

VALERE.

J'ai pensé que ma passion
Paroîtroit à tes yeux peut-être ridicule,
Que tu te mocquerois de moi.

DAMIS.

Sur quel fondement ? & pourquoi?
Celle qui t'a charmé n'est-elle pas aimable?

VALERE.

Ah Damis ! elle est adorable,
On ne vit jamais tant d'appas.

ARLEQUIN.

La Soubrette est incomparable.

DAMIS.

Peut-on sçavoir qui c'est ?

VALERE.

Je ne la connois pas.

ARLEQUIN.

C'est un amour naissant.

B

DAMIS.

Je commence à t'entendre;
C'eſt me donner le change , on ne le ſçauroit mieux,
Et voilà le tour qu'il faut prendre
Pour arrêter les curieux ;
Pardon ſi j'ai voulu pretendre . . . . .

VALERE.

Je ne badine point , je dis la verité,
Je vois dans ce jardin cette jeune beauté,
Elle s'y rend à la même heure
Très-régulierement depuis cinq ou ſix jours,
Mais elle s'obſtine toujours
A me cacher ſon rang, ſon nom & ſa demeure,
J'ai tout lieu d'eſperer pourtant
Qu'avant la fin du jour je pourrai la connoître ;
J'attends ce favorable inſtant,
Qu'avec plaiſir mon cœur le verra naître.

ARLEQUIN.

La Soubrette à mes feux en a promis autant,
Et le Valet ſera traité comme le maître.

DAMIS.

Que je te trouve heureux !

VALERE,

Et toi mon cher Damis,

A tes feux à present quel espoir est permis ?

D A M I S.

Je n'ai presque plus d'esperance
Que la beauté dont mon cœur suit la loi,
Veüille me pardonner l'offense
Qu'elle pretend avoir reçu de moi,
Elle ne veut helas ! ni me voir, ni m'entendre,

V A L E R E

Je suis impatient d'apprendre
Ce qui te rend ainsi criminel à ses yeux.

D A M I S.

J'avois fait à Roüen un sejour ennuyeux
Pour un maudit Procès que j'avois à deffendre,
Avant que d'en partir, un de mes bons amis,
De qui j'avois reçu des plaisirs infinis,
Vint me confier la conduite
D'une veuve, sa sœur, qui venoit à Paris.

A R L E Q U I N *à part.*

Je devine à peu-près la suite.

D A M I S.

Nous arrivons, honnêtement,
Je dûs le lendemain lui faire ma visite,
Et depuis regulierement
J'ai plusieurs fois chez elle été fort librement.

VALERE.

Tant d'affiduitez t'ont fait une querelle,
N'eft-ce pas?

DAMIS.

Juftement, elle m'en croit aimé;
Et comme cette Veuve eft encor jeune & belle,
On s'imagine que pour elle
Depuis ce jour mon cœur eft enflamé.

ARLEQUIN.

Quand cela feroit vrai, c'eft une bagatelle.

VALERE.

Son courroux par tes foins peut-être defarmé,
Bientôt on te rendra juftice,
D'un mouvement jaloux ce font là les tranfports.

ARLEQUIN.

Sans doute.

DAMIS.

J'ai tenté d'inutiles efforts,
Je ne vois rien qui la flechiffe.

VALERE.

Hé bien, attends que fon caprice
Puiffe parvenir à fa fin.

ARLEQUIN.

Il ne faut pour cela qu'un rien, ou peu de chose.

VALERE.

Cesse de t'en embarrasser ;
Puisque c'st l'amour qui le cause ;
Laisse-lui tout le soin de le faire cesser.

DAMIS.

A l'esperer encor je ne puis renoncer.
Mais j'apperçois Frosine sa Suivante,
Auprès de sa Maîtresse elle a quelque credit,
Puisque l'occasion en ces lieux la presente
Je veux en ma faveur prevenir son esprit;
Sur ce dernier moyen tout mon espoir se fonde.

VALERE *en s'en allant.*

Je souhaite ardemment qu'à tes vœux tout réponde.
Adieu...

ARLEQUIN.

Je vais de mon côté
Attendre le bonheur dont je me suis flatté.
(*Il sort.*)

DAMIS.

Helas ! que ne suis-je à ta place,
Mon cœur seroit moins agité.

B iij

SCENE V.

DAMIS, FROSINE.

DAMIS.

Frosine, arrête-toi, de grace.

FROSINE.

Je ne sçaurois, Monsieur, je n'en ai pas le tems.

DAMIS.

Ce n'est que pour quelques instants,
Je n'ai qu'un mot .

FROSINE.

Voyons , parlez, le tems me presse.

DAMIS.

Tu me parois fâchée ?

FROSINE.

Oüi , c'est avec sujet.

DAMIS.

D'où vient donc ce courroux ?

FROSINE.

Vous en êtes l'objet.

DAMIS.

Moi?

FROSINE.

Vous-même, adieu, je vous laisse.

DAMIS *la retenant.*

Hé quoi semblable à ta Maîtresse
Ne me feras-tu voir que haine, que froideur ?
Est-ce trop peu des maux que me fait l'inhumaine ?
Te verrai-je comme elle insensible à ma peine ?
Imiteras-tu sa rigueur.

FROSINE.

Sans doute, la belle demande ?
On doit ainsi traiter un Amant imposteur
qui peut nous preferer une beauté normande.

DAMIS.

Qu'entends-je ! ma fidelité
Peut-elle être ainsi soupçonnée ?

FROSINE.

On vous fait tort, en verité.

DAMIS.

Helas ! quelle est ma destinée !
Il ne me manquoit plus . . . .

FROSINE.

Je connois ces helas,
Ce qu'ils ont de touchant ne me seduira pas.

DAMIS.

Quoi, tu seras inexorable?
Tout ce que je ferai sera-t'il impuissant?
Tu voudras t'obstiner à me croire coupable?

FROSINE.

Vous auriez de la peine à paroître innocent.

DAMIS.

J'attendois tout de toi.

FROSINE.

Perdez cette esperance.

DAMIS.

Je croyois qu'auprès de Constance
Tu vanterois l'ardeur dont je me sens épris;
Et que rendant justice à ma perseverance
Tu ferois cesser ses mepris.

FROSINE.

Bien loin de vous servir, je fais tout le contraire,
J'anime le juste courroux
Que ma Maîtresse a conçu contre vous,
Je lui fais voir l'horreur de votre caractere,

Le peu de cas qu'elle doit faire
D'un Amant inconstant qui violant sa foi,
Brise ses premiers nœuds pour suivre une autre loi;
Moi - même à son esprit sans cesse je rappelle
Vos premiers soins & vos empressemens,
Je lui retrace vos sermens
Qui sembloient assûrer d'une flamme éternelle,
Et dans ces dangereux momens
Où je vois que son cœur chancéle;
Et qu'un reste d'amour parle en votre faveur,
Je recommence de plus belle;
De votre procedé j'étale la noirceur,
Et je fais si bien que son cœur
Ne trouve en vous qu'une infidéle.
D A M I S.
Cruelle Frosine ! pourquoi
Lui faire un tel portrait de moi ?
J'aime Constance, helas ! que dis-je ? je l'adore,
Par ses mépris mon feu s'accroit encore,
Et mon cœur n'a pas un seul jour
Senti refroidir mon amour ;
Cruel soupçon que vous m'êtes funeste !
Maudit Procès ! voyage malheureux !
Ami qu'à present je deteste !
Politesse fatale & qui nuit à mes feux !
Je perds donc la beauté que j'aime,
Et je la perds dans l'instant même
Qu'un doux Hymen bientôt joignoit notre destin,

Qu'affuré de son cœur, j'allois avoir fa main ;
    J'ai beau chercher à me défendre,
Et je voudrois en vain par de bonnes raifons
    Diffiper d'injuftes foupçons,
    Pourquoi ne veut-on pas m'entendre ?
Aujourd'hui contre moi tout eft-il déchaîné ?
L'Amant le plus foumis, le plus vrai, le plus tendre
Doit - il être l'Amant le plus infortuné ?

   F R O S I N E *à part.*

Par ces regrets touchants, par cet air confterné
Je me fens attendrir, quoi ! feroit - il poffible
    Qu'il fût innocent en effet ?

    D A M I S.

    Et toi, qu'eft - ce que je t'ai fait
Frofine ? à mes tourments ceffe d'être infenfible,
Ne dois-tu pas fervir, loin de nuire à fes feux,
L'Amant le plus fidéle & le plus malheureux ?
    Lorfque l'amour veut prendre ma défenfe,
    Et qu'il arrive que fa voix
Se fait entendre encor dans le cœur de Conftance,
    N'oppofe point de réfiftance,
    Laiffe-lui foutenir mes droits ;
    Ce font les droits de l'innocence.

   F R O S I N E *à part.*

    Il va bannir ma défiance ;
Je vois dans fes difcours un air de verité . . . .

(*haut*) Ne me trompez-vous pas ?

DAMIS.

M'en croirois - tu capable ?

FROSINE.

Quoi vous ne feriez point coupable ?
Et vous pourriez prouver votre fidelité ?
Votre flamme eft encor vive, conftante & pure ?

DAMIS.

Ah ! fans craindre d'être parjure
J'en ferai , s'il le faut , un ferment folemnel :
Oüi , Frofine , je te le jure,
Damis eft malheureux , mais n'eft pas criminel.

FROSINE *à part.*

Oh ma foi tout ceci n'a pas l'air d'impofture ,
(*haut*) Je me rends, la pitié vient me parler pour vous.

DAMIS.

Que ce retour me feroit doux !

FROSINE.

Que votre douleur eft touchante !
Voyons , pour vous fervir que faut-il que je tente ?

DAMIS.

De ta Maîtreffe , appaife le courroux ,

Aſſûre-la que je lui ſuis fidéle,
Et fais en ſorte qu'avec elle
Je puiſſe avoir un entretien,
Je le] lui prouverai ſi bien
Que je l'obligerai d'en être convaincuë.

FROSINE.

Je tremble de n'y gagner rien,
A ne point vous parler je la vois reſoluë.
Attendez cependant, j'imagine un moyen;
Elle doit pour calmer le ſouci qui l'ennuye,
Venir ſe promener ici quelques inſtants,
vous vous approcherez quand il en ſera tems;
J'appuyerai vos raiſons.

DAMIS *en s'en allant.*

Ah ! tu me rends la vie.

SCENE VI.

FROSINE *seule*.

DE servir son amour mon cœur brûle d'envie,
Je le crois sincere en effet,
Constance à se tromper est trop ingenieuse ;
Travaillons à la rendre heureuse ;
Je le veux malgré qu'elle en ait.
Mais j'apperçois Monsieur Chrisante.

SCENE VII.

CHRISANTE, FROSINE.

CHRISANTE.

JE sors de la maison pour affaire pressante,
Mais puisque je te trouve ici
Frosine, sur un point je veux être éclairci.

FROSINE.

Voyons . . . . .

CHRISANTE.

Par sa langueur ma Fille m'épouvante,
Apprends-moi d'où naît le souci,
Où depuis quelques jours je vois qu'elle est plongée,
Son esprit est rêveur, ses yeux sont abbattus,
Et je la trouve si changée.

Que je ne la connoîtrois plus.
Quelle eſt la ſource de ſa peine ?
A le ſçavoir je n'ai pû parvenir.

FROSINE *à part.*

Bon, bon, voici le point où j'en voulois venir.
La cauſe en eſt encor, Monſieur, bien incertaine ..
   Et je ne puis la definir ;
Une fille ſouvent ſouffre de ſa contrainte,
   De voir ſa parure reſtrainte ,
Souvent l'état de fille eſt un fardeau peſant
      Dont elle voudroit ſe défaire ;
Mais je crois , pour le mal qu'elle ſouffre à preſent,
    Qu'un motif different l'opere,
    Car il ne fut jamais un pere
   Et plus tendre & plus complaiſant.

CHRISANTE.

Froſine, tu le ſçais, il n'eſt rien que j'oublie
    Pour lui procurer des plaiſirs ;
La contenter en tout fut toujours mon envie,
Ai-je été quelquefois contraire à ſes deſirs ?

FROSINE.

De trop de liberté ce degoût eſt la ſuite
Peut-être. Les deſirs que le cœur a formez
Pour paroître plus doux veulent être animez ,
    Un peu de gêne les irrite ,
Il faut qu'il nous en coûte un peu d'empreſſement :

On sçait qu'une faveur à nos vœux accordée
    Aussi-tôt qu'elle est demandée,
    Perd de son prix assurément;
    Mais on s'en fait une autre idée
    Quand on l'obtient mal-aisément.

CRHISANTE.

Oüi, ta raison n'est pas sans quelque fondement;
    Mais que veux-tu ? j'aime Constance,
    Je ne me plains pas aujourd'hui
    D'avoir eu tant de complaisance,
    Ma seule peine est de voir son ennui;
    Invente, trouve quelque chose
    Qui soit propre à le soulager,
    Qu'elle parle, qu'elle propose,
Quoique de mes bontez elle veüille exiger,
Je la satisferai.

FROSINE.

    L'honnête homme de pere

CHRISANTE.

Que me conseilles-tu dans ce malheur pressant ?

FROSINE.

Ce que je vous conseille ? est un mot comme en cent,
Mariez-la Monsieur, vous ne sçauriez mieux faire,
Car il n'est rien je crois, de plus rejoüissant.

Chrisante

Depuis long-tems c'est ma pensée,
Damis à cet Hymen a tout droit d'aspirer,
Mais Constance toujours cherche à le differer.

Frosine.

Une fille rougit de paroître empressée ;

Et dans pareille occasion
Le cœur dit toujours oüi, mais la pudeur dit non ;
Travaillez à bannir cette secrette honte,

Faites que son cœur la surmonte,
Vous la verrez changer bientôt.

Chrisante.

Je n'ose la presser.

Frosine.

Vous n'osez ? il le faut.

Chrisante.

Comment pourrai-je la réduire ?
Tires-moi de cet embarras.

Frosine.

J'en sçai le vrai moyen, & je vais vous le dire.
Ordonnez, & ne priez pas.
Je connois l'humeur de Constance,

Croyez que tant de complaisance
Ne sert qu'à la faire languir ;
Elle attend, j'en suis sûre, avec impatience
Que vous la forciez d'obéir.

Chrisante

CHRISANTE.

Mais tu m'ouvres les yeux, Frosine ;
Et je vois, plus je l'examine
Qu'il faut en impofer, j'approuve tes avis,
Et je puis t'affurer qu'ils vont être fuivis.
Je dois aller finir certaine affaire en Ville,
Mais quand je ferai de retour,
Je prétends l'obliger à conclure en ce jour
Un hymen qui lui feul peut me rendre tranquille.

(Il fort)

FROSINE feule.

J'ai réüffi vraiment en intringuante habile ;
C'eft déja fort bien debuté.
Mais Conftance paroît, tâchons de fon côté
De ne point prendre une peine inutile.

SCENE VIII.

CONSTANCE, FROSINE.

CONSTANCE.

QUE te difoit mon pere ?

FROSINE.

A peu près les difcours

C

Que votre ennui l'oblige à me tenir toûjours,
Il cherche à diffiper votre mélancolie,
Et voudroit penetrer quel en eft le motif;
Si j'avois dit qu'il naît de votre jaloufie
C'eût été le point décifif,
Mais je n'ai pas voulu parler. . . .

CONSTANCE.

J'en fuis ravie,
Dans fon efprit Damis feroit perdu,
Si mon pere envers moi fçavoit quel eft fon crime,
Mais je ne puis encore l'en rendre la victime.

FROSINE *à part.*

Bon, je vois fon efprit fortement combattu.
(*Haut*) A propos de Damis, qu'en ferons-nous, Madame ?

CONSTANCE.

Qu'en faire, je ne fçais, dans le trouble où je fuis
Mille projets s'élevent dans mon ame,
Je voudrois l'oublier, je fens que je ne puis.

FROSINE *à part.*

Fort bien . . . .

CONSTANCE.

Quoiqu'il m'ait fait une cruelle injure,
Que je le reconnoiffe infidéle & parjure,

Quelque chose me parle encore en sa faveur ;
Je veux dans ce desordre extrême
En demander les raisons à mon cœur ;
Mais il me répond que je l'aime.

FROSINE.

Ah la bonne protection !
Il n'en sçauroit jamais avoir une meilleure,
Et je dois renoncer à ma commiffion.

CONSTANCE.

Qu'est - ce à dire ?

FROSINE.

Damis me prioit tout à l'heure
De vous parler pour lui, mais qu'en-a-t'il besoin ?
Ah ! puisque votre cœur se charge de ce soin,
Il réussira mieux, Madame, que personne.

CONSTANCE.

Où l'as - tu vû ?

FROSINE.

Dans ce Jardin,
Pénetré du cruel chagrin
Où sans relâche il s'abandonne,

CONSTANCE.

Que t'a dit cet ingrat ? & quel est son dessein ?

FROSINE.

Il dit que vous êtes cruelle,
Que l'on ne vit jamais un Amant plus fidele,
Que vous le soupçonnez à tort,
Qu'il ne méritoit pas un fort,
Qui de mille soucis rend son ame agitée,
Et tout cela d'un ton si dolent, si plaintif,
Si tendre, si persuasif,
Qu'à le croire je suis extrêmement portée.

CONSTANCE.

Tu le crois innocent?

FROSINE.

Oüi, soyez-en flattée.

CONSTANCE.

Quoi ! tu pourrois penser que fidéle à ses feux
L'ingrat n'ait pas ailleurs osé porter ses vœux ?
Tu crois qu'à tort je le soupçonne ?
Lorsque tout à mes yeux avec tant de raison
Sans cesse vient offrir sa lâche trahison ?
Je ne te comprends pas, ton changement m'étonne;
Toi qui me le peignois; Frosine, avec des traits
Propres à bannir de mon ame
Les restes mal éteints d'une premiere flâme,
Je te vois aujourd'hui prendre ses intérêts ?

FROSINE.

C'est avec justice, Madame ;
Damis, j'ose vous l'affirmer,
N'a pas cessé de vous aimer ;
C'est pour vous le faire connoître
Qu'il vous demande en grace un moment d'entretien.

CONSTANCE.

Que l'ingrat à mes yeux se garde de paroître.

FROSINE.

Ho, je crois qu'il n'en fera rien ;
Car le voilà . . .

SCENE IX.

CONSTANCE, DAMIS, FROSINE.

CONSTANCE.

JE veux fuir sa presence.

DAMIS.

Hé quoi ! vous me fuyez, Constance.

CONSTANCE.

Puis-je trop éviter un Amant odieux ?
Qui . . .

DAMIS.

Souffrez dumoins qu'à vos yeux
Je fasse voir mon innocence.

CONSTANCE.

Je ne veux rien entendre.

DAMIS.

Ah Frosine aujourd'hui
Que j'ai besoin de ton appui !

FROSINE à *Constance*.

Ecoutez ses raisons...

CONSTANCE.

Que pourroit-il me dire ?

DAMIS.

Que sur moi vous avez un souverain empire,
Que je ressens toujours l'amour le plus parfait.

CONSTANCE.

Quoi ! d'un amour comme le vôtre
Mon cœur seroit-il satisfait ?
Quand vous le partagez ingrat avec un autre ?

DAMIS.

Moi, Constance !

CONSTANCE.

Vous-même, il n'est point de serment
Qui me fist penser autrement,
J'en ai des preuves trop certaines.

DAMIS.

Qui peut vous l'avoir dit ?

CONSTANCE.

Vos demandes sont vaines,

Vous n'apprendrez jamais de quelle part
Je sçai jusqu'à quel point vous trahissez ma flamme,
Je me plains seulement de l'avoir sçu trop tard.

DAMIS.

Vous me rendrez justice, écoutez-moi, Madame;

CONSTANCE.

Je n'écoute plus rien.

DAMIS.

Arrêtez . . . .

CONSTANCE.

Laissez-moi.
Vous m'avez pû manquer de foi,
Aujourd'hui près de vous il n'est rien qui m'arrête,
Allez, allez porter vos soupirs, vos regrets
A votre nouvelle conquête,
Mais ne me revoyez jamais.

(elle sort.)

SCENE X.
DAMIS, FROSINE.
DAMIS.

Quel ordre rigoureux ! hélas ! que dois-je faire ?
Ne verrai-je jamais adoucir mon destin ?

FROSINE.

C'est pour le coup que je l'espere,
En voilà le signe certain;

Elle vient de montrer un degré de colere
Qui prouve évidamment qu'elle touche à sa fin.

D A M I S.

Tant de cruauté me désole.

F R O S I N E.

Je vous dis que tout ira bien ;
Car j'ay pour vous servir fait agir un moyen
Qui fera son effet, comptez sur ma parole.
Venez tantôt dans la maison,
Pressez, priez, pleurez & vous aurez raison.
Les pleurs sont de puissantes armes ;
Quoiqu'elle ait projetté, la plus fiere s'y rend,
Et sa foiblesse la reprend
A l'aspect de deux yeux qui répandent des larmes.

(elle sort)

D A M I S.

Combien de tems encor dureront mes allarmes.

Fin du premier Acte.

ACTE SECOND.

Le Theatre represente une grande Salle où plusieurs portes aboutissent.

SCENE PREMIERE.

CONSTANCE, ANGELIQUE.

CONSTANCE.

Oui, vous pouvez ici me dire librement
Le sujet de votre visite,
Du reproche pourtant je ne vous tiens pas quitte;
Car je vous vois très-rarement,
Et de tant de froideur mon amitié s'irrite.

ANGELIQUE.

De ce reproche injurieux,
Constance, épargnez-moi l'aigreur mortifiante,
Vous ne l'ignorez pas, je dépends de ma tante,
Et je ne suis pas libre autant que je le veux.

CONSTANCE.

Hé je n'en doute pas, mais sachons quelle affaire
Peut vous amener en ces lieux?

En quoi vous suis - je neceffaire ?
ANGELIQUE.

A fervir la plus vive ardeur.
CONSTANCE.

Je vous entends , ceci regarde votre frere,
Vous venez me parler , fans doute, en fa faveur,
N'eft-ce pas ce qui vous amene ?
ANGELIQUE.

Pourquoi prendrois-je cétte peine ?
On fçait qu'épris des mêmes feux
D'un réciproque amour vous vous aimez tous deux,
Je ne l'ignore pas , & fur cette affurance
Je viens de mes fecrets vous faire confidence,
Et j'ofe me flatter qu'en cette occafion,
En faveur de votre tendreffe ,
Vous me pardonnerez vous - même une foibleffe
Dont vous fentez l'impreffion.

CONSTANCE.

Je ne puis encor vous comprendre,
Où doit aboutir ce difcours ?

ANGELIQUE.

J'attends de vous un utile fecours.
CONSTANCE.

Oüi , de mon amitié vous devez tout attendre ;
Parlez à cœur ouvert.

ANGELIQUE.

Je n'ai pu m'en défendre,

J'aime.

CONSTANCE.

Pour l'avoüer faut-il tant de détours ?

Quel est votre vainqueur ?

ANGELIQUE.

On le nomme Valere,

Il est grand ami de mon frere,

Loge même dans sa maison ;

Mais il ignore encor ma demeure & mon nom ;

Cela vous surprendra peut-être ?

CONSTANCE.

Quoi ! vous aimer sans vous connoître ?

Le commerce, entre - nous, me paroît ennuyeux,

Un cœur épris de veritables feux

Veut sçavoir qui les a fait naître,

L'amour est toujours curieux

Pourquoi de votre nom lui faire ce mystere

S'il est ami de votre frere ?

ANGELIQUE.

Ma tante ne le connoît point,

Et voilà ce qui fait aujourd'hui le grand point ;

Elle prétend à mes desirs contraire,

Que j'accepte un époux qui ne sçauroit me plaire,

Mon cœur n'y souscrira jamais,

Et je ne pense pas que le devoir l'ordonne ;

Il faut, lorsque la main se donne
Que le cœur l'accompagne, ou la suive de près.

CONSTANCE.

Oüi, votre raison est très-bonne.

CONSTANCE.

J'ai d'autres intérêts encor à ménager,
Si ma tante veut m'obliger
A terminer l'hymen que je déteste ;
Obéïr & me plaindre, est tout ce que je puis,
Et dans cette occurrence, à mes vœux si funeste,
Il est bon que Valere ignore qui je suis.
De plus, je n'ai pas eu le tems de le connoître,
Je veux examiner avec attention
S'il n'est pas different de ce qu'il paroît être.

CONSTANCE.

J'approuve la précaution,
Mais à se déguiser qu'un Amant est habile !
Il nous paroît d'abord plein de perfection,
Tendre, soumis, discret, respectueux, docile ;
Rien n'égale sa passion ;
Oser la soupçonner nous sembleroit un crime,
Et de cette prévention
Notre cœur trop crédule est souvent la victime.
Mais parlons sérieusement,
De cet amour, pour vous, la suite m'épouvante ;

Et comment pourrez-vous cacher à votre tante
Votre secret attachement ?

A N G E L I Q U E.

J'ai, sur votre amitié, fondé mon esperance,
Vous pouvez le favorifer ;
Que j'aurai de reconnoiffance,

C O N S T A N C E.

Je n'ai rien à vous refufer,
Voyons, parlez, que puis-je faire?

A N G E L I Q U E.

Puifque je ne dois rien vous taire,
Voici quel eft mon embarras ;
Valere pourroit bien faire fuivre mes pas,
S'il fçait une fois ma demeure
Il ira, j'en fuis fûre, à mon frere fur l'heure,
Lui déclarant fa paffion,
Demander & mon nom & ma condition.

C O N S T A N C E.

Cette crainte eft affez fondée,
C'eft un moyen qu'il pourroit bien tenter.

A N G E L I Q U E.

C'eft ce que je veux éviter.

CONSTANCE.

Mais comment ferez-vous ?

ANGELIQUE.

Ecoutez mon idée ;
J'ai promis aujourd'hui de lui parler chez moi.

CONSTANCE.

Chez vous ! sous les yeux de la tante ?
Mais à vous dire vrai, je croi
Que la démarche est imprudente.

ANGELIQUE.

N'allez pas vous imaginer
Que jusqu'à ce point Angelique soit folle.

CONSTANCE.

Mais vous prétendez donc lui manquer de parole ?

ANGELIQUE.

Non.

CONSTANCE.

Je ne puis vous deviner,
Voulez-vous la tenir ?

ANGELIQUE.

Oüi.

CONSTANCE.

Ceci m'embarrasse,
D'accorder ces deux points, avez-vous un moyen ?
Je n'y comprends encore rien.

ANGELIQUE.

Voici comment il faut que la chose se fasse.

CONSTANCE.

Voyons.

ANGELIQUE.

J'ai résolu de lui parler ici.

CONSTANCE.

Chez moi ?

ANGELIQUE.

Vous me ferez, s'il vous plaît, cette grace.

CONSTANCE.

Mais vous n'y pensez pas.

ANGELIQUE.

N'ayez aucun souci ;
Je ne veux qu'un moment, & le voir & l'entendre.

CONSTANCE.

Si mon pere alloit le surprendre,
Dites-moi, s'il vous plaît, quel seroit son soupçon ?

Voir un homme inconnu venir dans sa maison!

ANGELIQUE.

J'ai prévû cette circonstance,
Et j'ai choisi l'instant précis
Où l'on voit rarement votre pere au logis,
Ainsi de ce côté soyez en assurance;
Lisette qui sçait mon dessein,
Doit amener Valere, & l'introduire
Par le petit degré qui conduit au jardin.

CONSTANCE.

Ciel! dans quel embarras allez-vous me réduire
Si .... je ne puis y consentir ...
Je crains ....

ANGELIQUE.

J'entends quelqu'un.

SCENE II.

CONSTANCE, ANGELIQUE, LISETTE.

LISETTE.

JE viens vous avertir
Que Valere est entré.

ANGELIQUE.

ANGELIQUE.

Tu devois le conduire.

CONSTANCE.

A quoi m'expofez-vous ? grands dieux !

LISETTE,

Il va venir . . .

CONSTANCE.

Je me retire ;
Mais, qu'au plûtôt de grace, il forte de ces lieux.

(elle fort)

SCENE III.

ANGELIQUE, VALERE, LISETTE, ARLEQUIN.

ARLEQUIN.

Ah ! qu'il faut de cérémonie
Pour arriver dans cet appartement !
Ma foi cette maifon eft affez bien garnie,
Et j'y marque mon logement.

ANGELIQUE.

Enfin j'ai fatisfait, Monfieur, à vôtre envie;
Vous me voyez chez moi.

VALERE

Que mon fort eft charmant !

D

Que peut-il m'arriver de plus doux dans la vie !
Voici le moment souhaité,
Où vous accorderez Madame
La faveur promise à ma flamme,
Je connoîtrai l'objet dont je suis enchanté.

ARLEQUIN.

Et toi ma divine beauté,
Sans qu'à present rien t'embarrasse,
Tu me diras aussi ton nom, ta qualité.

LISETTE.

Nous verrons ; mais, Monsieur, de grace,
Songez qu'en peu de tems il faut quitter la place
Les momens vous sont précieux.

ARLEQUIN.

Pour moi je ne sors pas si vîte de ces lieux ;
Il faut que la maison soit par moi visitée,
Comme elle doit un, jour par nous être habitée,
Qu'en fait d'appartemens je suis très-délicat,
Je veux voir, puisqu'enfin je me trouve à portée,
Si la cuisine est en état,
Et si la cave est bien voûtée.

VALERE.

Ah laissez-moi joüir d'un entretien si doux !

ANGELIQUE.

De l'eftime que j'ai pour vous,
Je vous donne, Valere, une preuve évidente ;
Cependant ma conduite eft contraire au devoir,
Je ne fuis pas à m'en appercevoir.

VALERE.

Mais, Madame, en quoi donc eft-elle condamnable ?

LISETTE.

En accordant à votre amour
La liberté qu'on vous donne en ce jour.

VALERE.
Vous repentiriez-vous de m'être favorable ?

ANGELIQUE.
Je devrois, fans doute, en rougir ;
Mais le motif, qui feul me fait agir,
Doit me rendre plus excufable ;
Ne penfez pas, Monfieur, qu'à vos empreffemens
J'euffe été fi prompte à me rendre,
Sans de certains arrangemens
Qu'avec vous il me falloit prendre.
LISETTE.
Et vîte, aux éclairciffemens.
ARLEQUIN.
Ton impatience eft extrême ;

D ij

Quand on est avec ce qu'on aime,
Compte-t'on ainsi les momens.

VALERE.

Expliquez-vous, quel est le souci qui vous presse?
N'êtes-vous pas encor sûre de ma tendresse?
Ne me croyez-vous pas soumis à votre loi?
Je vous aime, je vous le jure,
Mieux que tous mes discours, mon ardeur vous l'assure,
Voyons, quelle autre preuve exigez-vous de moi?

ANGELIQUE.

J'en veux une, Monsieur, qui m'est de consequence.

VALERE.

Parlez....

ANGELIQUE.

C'est de garder un éternel silence,
Surtout de cacher à Damis
Quelle est de nos deux cœurs la douce intelligence;
Je sçai qu'il est de vos amis,
Gardez-vous, avec lui, de rien faire paroître
Qui puisse dans nos feux lui faire pénétrer,
Je vous défends encore de lui faire connoître,
Ni marquer la maison où vous venez d'entrer.

VALERE.

D'où naît donc cette méfiance?
Et pourquoi, dans votre défense,
Me nommez-vous expressément Damis?
Est-ce le seul ami que je voye à Paris?
N'ai-je que cette connoissance?

Je dois vous dire qu'à mon tour
Cette précaution allarme mon amour,

Elle cache quelque myſtere
Et vous me laiſſez entre-voir....
ANGELIQUE.
Quoi qu'il en ſoit, ne cherchez pas Valere,

Les raiſons que je puis avoir;
Mais croyez que j'en ai beaucoup pour le vouloir.
VALERE.
Je ne le crois que trop, & c'eſt ce qui m'agite,
Damis, apparemment... Je n'oſe m'expliquer.
ARLEQUIN.
Mon Maître ſemble ſe piquer,
Et peu s'en faut qu'auſſi ta froideur ne m'irrite.

SCENE IV.

ANGELIQUE, VALERE, LISETTE, ARLEQUIN,
FROSINE.

FROSINE.

HE' finiſſez çet entretien,
Votre pere me ſuit.
ANGELIQUE.
Ah, Monſieur, ſortez vîte !
FROSINE,
Non vraiment, qu'il s'en garde bien,

Il pourroit rencontrer, Monfieur, fur fon paffage.

ARLEQUIN.

Je crains que fur moi feul ne tombe tout l'orage,
Je crois voir fur mon dos fon bras appefanti.

VALERE.

Quel facheux contre-tems !

ARLEQUIN.

J'enrage.

ANGELIQUE.

Comment ferons-nous ?

VALERE.

Quel parti ?...

FROSINE.

Venez, ce cabinet vous offre un fûr afile,
Que l'un & l'autre y foit tranquille,
Je vous en tirerai quand il fera forti.

(Valere & Arlequin
entrent dans le cabinet.)

SCENE V.

ANGELIQUE, CONSTANCE, FROSINE, LISETTE.

CONSTANCE.

JE l'avois bien prévû, vous le voyez, mon pere
Dans cet inftant vient de rentrer,
Je tremble, & je ne puis encore me raffûrer.

ANGELIQUE.

Quel trouble je vous caufe, & que pourrai-je faire ?...

CONSTANCE.

Travaillons à tout réparer,
Voyons, qu'a-t'on fait de Valere?

FROSINE.

Il est en lieu de sûreté,
Et dans ce cabinet....
                CONSTANCE.
                        Quelle témerité!
Et si mon pere pour écrire
S'avisoit... Je l'entends...

SCENE VI.

LES ACTEURS PRECEDENTS, CHRISANTE.

CHRISANTE.

J'Ai beau toûjours vous dire
Que je veux voir fermer la porte du jardin,
Et je fais de l'ouvrir une défense expresse,
        C'est donner mes ordres en vain,
A la laisser ouverte on s'obstine sans cesse.

FROSINE.

Vous nous faites en verité,
    Monsieur, une injuste querelle,
    Nous avons ouvert ce côté
    En faveur de Mademoiselle,
Qui vient par le jardin pour sa commodité.
                        D iiij

CHRISANTE.

Oh, te voilà justifiée,
Et je ne dis plus mot.

ANGELIQUE.

Je suis mortifiée....

CHRISANTE.

Bon, bon, vous vous moquez je croi.
De grace, rendez-moi justice,
Croyez que ma maison est à votre service,
Et que vous en pouvez disposer comme moi.

ANGELIQUE.

Vous êtes obligeant.

CONSTANCE *bas à Angelique.*

Finissez.

CHRISANTE.

Et la tante,
Comment se porte-t'elle ?

ANGELIQUE.

A merveille, Monsieur.

CHRISANTE.

J'en ai réellement bien de la joye au cœur,
C'est une bonne Dame, encore ragoutante ;
Mais, quand de sa jeunesse, elle étoit à la fleur,
Il falloit voir comme elle étoit piquante,
Elle avoit, en son tems plus d'un Adorateur.

FROSINE *à part.*

Jasera-t'il long-tems ?

CONSTANCE *à part.*

Je suis impatiente.

C H R Y S A N T E.

Comme elle, en verité je vous trouve charmante,
Vous avez tous ses traits, sa grace, sa douceur.

A N G E L I Q U E.

Vous me flattez Monsieur Chrisante.

C H R I S A N T E.

Point du tout … elle doit, sans doute, s'étonner
De ce que je lui rends si rarement visite,
Je veux le réparer bien vîte,
Voudra-t'elle me pardonner ?

A N G E L I Q U E.

J'en suis très-assurée, & la faute est petite.
Mais Constance, il est tems, je crois, que je vous quite ;
Pour rentrer au logis c'est un peu trop tarder,
Ma tante pourroit me gronder.

C H R I S A N T E.

Vous craignez ….

C O N S T A N C E.

Il me vient une bonne pensée,
Pour que cela n'arrive pas
Ramenez-la, mon pere, au logis de ce pas.

C H R I S A N T E.

Oüi, ma Fille, elle est très-sensée.
Allons ….

C O N S T A N C E *à part.*

Par ce moyen je suis débarrassée.

A N G E L I Q U E.

Soit, puisque vous voulez me faire cet honneur,

Je l'accepterai de bon cœur.

(*à Conſtance*) Adieu. *à part.* Voici à l'inſtant qu'il faut
qu'il ſe retire.

CHRISANTE.

Je ne tarderai pas , ma fille , à revenir.

(Il donne la main à Angelique
& ſort avec elle & Liſette.)

SCENE VII.

CONSTANCE, FROSINE.

CONSTANCE.

LE voilà dehors , je reſpire ;
  Quel embarras à ſoutenir ?
Ne perdons point de tems , & tandis que mon pere
  Nous laiſſe ici la liberté ,
Froſine , fait ſortir au plus vîte Valere ,
  Si tu veux par l'autre côté.

FROSINE.

  Oüi , rentrez , j'en fais mon affaire ;
Mais j'apperçois Damis , comment allons-nous faire ?

CONSTANCE

Que de contre - tems en un jour.

SCENE VIII.

CONSTANCE, DAMIS, FROSINE.

CONSTANCE.

Quoi, Monsieur ! malgré ma défense.

DAMIS

Helas, Madame ! à mon amour
Je n'ai pû faire violence,
Je souffre trop de votre indifference ;
Que dis - je ? je vous suis un objet odieux ;
Quel injuste courroux contre moi vous anime ?
Que pouvez - vous, enfin, imputer à mes feux ?
Si je suis innocent, dois-je être malheureux ?
Rendez-moi votre amour, ou du moins votre estime,
Sans avoir commis aucun crime,
Dois - je avoir le regret de les perdre tous deux ?

CONSTANCE.

Vous auriez dû, je crois, attendre
Pour vous justifier, Monsieur, auprès de moi,
Qu'un ordre, de ma part, vous en eût fait la loi ;
La liberté que vous venez de prendre
M'empêchera de vous entendre,
Cela doit vous suffire, & vous m'obligerez
Infiniment, Monsieur, si vous vous retirez.

DAMIS.

A me défesperer votre rigueur s'obftine, !
Mais, dûffois-je exciter encore votre courroux,
                Je ne fors pas d'auprès de vous
                Sans fçavoir ce qu'on me deftine.

CONSTANCE.

Sortez encore un coup, faites-moi voir, Damis,
                Au moins que vous êtes foumis.

FROSINE à *Damis.*

Obéiffez, Monfieur, elle eft d'humeur chagrine,
Vous réüffirez mieux fans dôute une autrefois.

DAMIS.

Tout me devient contraire, & toi-même Frofine,
Toi qui m'avois promis de foutenir mes droits,
                Toi qui connois mon innocence
Tu peux me confeiller d'éviter fa prefence ?

FROSINE.

Croyez que pour cela j'ai de bonnes raifons
                D A M I S à *Conftance.*
                Hé quoi ! ferez-vous inflexible ?
                Ne me fera-t'il pas poffible
De diffiper vos injuftes foupçons ?

CONSTANCE.

Je vous dis qu'aujourd'hui je ne veux rien entendre.

DAMIS.

Et quand pourrai-je donc, Madame?

CONSTANCE.

                                Nous verrons,
Mais à mes volontez, commencez par vous rer

FROSINE *bas à Damis.*

Et vous ferez plus sagement,
C'est le moyen de bannir son caprice.

DAMIS.

Il faudra donc que j'obéïsse ?
Que vous êtes cruelle ! ah si de mon tourment,
Si de ce que j'éprouve, & d'ennuis & de peine,
Vous aviez la moindre pitié,
Je ne vous verrois pas à ce point inhumaine.

CONSTANCE.

Sortez....

FROSINE

Que de discours ! c'est trop de la moitié.

CONSTANCE.

Faites ce qu'on vous dit (*bas*) je suis dans une gêne.

DAMIS.

Du moins avant de vous quitter,
Madame, donnez-moi quelque espoir secourable
Qui puisse un instant me flatter ;
Ne me refusez pas un regard favorable.
Qui m'annonce la fin d'un courroux qui m'accable,
Et que je ne puis supporter.

CONSTANCE.

Encor. (*bas* Je souffre une peine effroyable.

FROSINE *bas à* CONSTANCE.

Par quelque doux regard contentez son desir,

Là, dites-lui quelque tendre parole,
Quelque chose qui le console ;
C'est là le vrai moyen de vous faire obéir.

CONSTANCE.

Quoique vous ne méritiez gueres
En montrant à mes yeux tant d'obstination,
Qu'on ait pour vous la moindre attention,
Je veux pourtant vous satisfaire
Ne desesperez pas d'appaiser mon courroux,
Je ne conserve pas une haine éternelle,
Allez, & si mon cœur peut vous trouver fidelle,
Soyez bien assûré qu'il est encore à vous.

SCENE IX.

CONSTANCE, DAMIS, CHRISANTE, FROSINE.

CHRISANTE *derrière le Théâtre.*

JE reviens dans l'instant.

DAMIS.

J'entends Monsieur Chrisante.

CONSTANCE *bas à Frosine.*

Mon pere est de retour, & ma frayeur s'augmente !

DAMIS.

S'il me voit, il pourra trop long-tems s'arrêter,

Et je brûle d'impatience
De vous prouver mon innocence;
Permettez-moi, pour l'éviter,
Que dans ce cabinet.............

> *Damis court pour entrer dans le cabinet, en pousse a porte, Constance & Frosine le tirent par le bras & l'empêchent d'entrer.*

FROSINE.

Quoi! que voulez-vous faire?

CONSTANCE.

Y penfez-vous Damis?

FROSINE.
   Il en feroit fâché.

DAMIS.
Quoi! j'y vois un homme caché!
Que peut m'annoncer ce myftere?
Voyons de près.....

CONSTANCE.
   Voici mon pere.
Ne lui faites pas entrevoir.....

CHRISANTE.
Ah! je vous trouve encor, ma fille, en cette falle?
Mais vous voilà, Damis! (*à part*) quel plaifir de vous
 voir!

DAMIS.
Vous me faites, Monfieur. (*à part*) Je fuis au defefpoir.

CONSTANCE *bas à Damis.*

Vous êtes fou je crois (*à part*) Complaisance fatale

CHRISANTE *à Damis.*

Comment vous portez-vous ?.

DAMIS.

Fort bien ..... (*à part*) l'aurois-je crû ?

CHRISANTE.

Depuis cinq ou six jours je ne vous avois vû ,

D'où vient ?

DAMIS.

C'est que j'étois , Monsieur, (*à part*) ah la perfide !

Je ne m'étonne plus......

CHRISANTE.

Vous semblez agité.

Qu'est-ce ? dans votre esprit quel noir souci reside ?

Qu'avez-vous ?

DAMIS.

Ce n'est rien.

CONSTANCE.

C'est qu'il est tourmenté.

D'un mal de tête affreux .....

DAMIS.

Non , c'est toute autre chose.

CONSTANCE *bas à Damis.*

Qu'allez-vous dire ? à quoi votre trouble m'expose ?

Dans quels doutes affreux allez-vous le jetter ?

DAMIS

DAMIS *bas à Constance.*

Ma rage est prête d'éclater ,
Déja sans les égards que le devoir m'impose
J'aurois......

CHRISANTE.

Il paroît s'emporter ,
Sachons......

DAMIS *à part.*

On me trahit , & je n'en puis douter.

CHRISANTE.

De ce juste dépit je pénetre la cause ,
Loin de répondre à vos souhaits ;
Sans doute qu'à son ordinaire
Ma fille vous demande encor quelques délais ;
Mais je ferai valoir l'autorité de pere,
Et sans aller plus loin , je prétends qu'en ce jour
L'hymen couronne votre amour.
Qu'on aille chercher un Notaire.

DAMIS.

Non , non , ne précipitez rien.

CHRISANTE.

Je veux voir au plûtôt former ce doux lien ,
Et mon impatience est égale à la vôtre.

DAMIS.

Ah ! reservez , Monsieur , ce bonheur pour un autre.

CHRISANTE *à Constance.*

Vous le mettez au desespoir.

E

DAMIS à part.

Perfide.

CHRISANTE à Damis.

Appaisez-vous.

DAMIS.

Il ne m'est pas facile ;

Si vous sçaviez, Monsieur, si je vous faisois voir ;

Mais à quoi serviroit une preuve inutile ,

Allons loin de l'Ingrate exaler mon dépit ,

Et rendre , s'il se peut , le calme à mon esprit.

(Il sort)

SCENE X.

CHRISANTE, CONSTANCE, FROSINE.

CONSTANCE bas à Frosine.

TAche de le suivre Frosine

Et lui dis.....

FROSINE en s'en allant.

Oüi , j'entends.

CHRISANTE.

Son départ me chagrine ;

Voyez le triste état où vous le reduisez

Par votre peu de complaisance ,

Mais j'en ai trop moi-même , & vous en abusez ;

Ho je me servirai de toute ma puissance ,

Et je veux avoir le plaisir

De vous sçavoir pourvûë au gré de mon desir,

Aujourd'hui , sans autre remise ,

CONSTANCE.

A vos ordres je suis soumise,
Mais je suis jeune encor.....

CHRISANTE.

Et voilà justement
Le bon tems, où le mariage
Peut nous fournir quelque agrément ;
Faut-il pour se mettre en ménage,
Attendre que l'on soit dans l'automne de l'âge ?
Non, non, ma fille, il faut en saisir le printems.

CONSTANCE.

Je suis prête à repondre à vos empressemens.

CHRISANTE.

Tant mieux, vous me charmez, ma joye est sans égale;
C'est ainsi qu'on doit s'expliquer.
Mais j'ai certaine chose à vous communiquer
On est interrompu souvent dans cette sale,
Dans mon appartement, nous serons mieux je croi ;
Venez ma fille, suivez-moi.

CONSTANCE.

Je vous sui (*à part*) de frayeur je suis encor glacée

Elle sort avec son pere par un côté, Frosine entre dans le même instant par l'autre.

SCENE XI.

FROSINE *seule.*

JE fuis en peine de Damis ,
Je n'ai pû découvrir quelle route il a pris
Quoiqu'à courir après je me fois empreffée.
　　Mais profitons de ces inftans
　　Où la falle eft debarraffée ,
Et de ce cabinet faifons fortir nos gens.
　　Sortez , fortez , & fans perdre de tems
Par ce petit degré qu'on détale bien vîte.

(Frofine ouvre la porte du cabis)
(Valere & Arlequin en fortent.)

SCENE XII.

VALERE, FROSINE , ARLEQUIN.

ARLEQUIN.

LA fièvre n'a jamais caufé tant de friffon ;
Et par ma foi ma peur n'a pas été petite ,
　　Mais grace au Ciel m'en voilà quitte
　　Pour quelques inftans de prifon.

VALERE.

Puis-je voir un moment la beauté que j'adore ?

ARLEQUIN.

Ne puis-je entretenir encore
La souveraine de mes vœux ?

FROSINE.

Et sortez au plûtôt, Messieurs les amoureux ;
Voulez-vous nous causer quelque allarme nouvelle ?

ARLEQUIN.

Parbleu dans nos amours nous sommes bien chanceux.

{ *Frosine entraine Valere & Arle-* }
{ *quin, & sort avec eux, dans le* }
{ *même moment, Damis entre du* }
{ *côté opposé.* }

SCENE XIII.

DAMIS *seul.*

JE me suis échapé sans sortir de ces lieux ;
Et je puis à present convaincre l'Infidelle ;
Sçachons quel est le rival odieux
Qui porte dans mon cœur une atteinte cruelle ;
Et traverse aujourd'hui mes feux.
Paroissez amant trop heureux,
On ne me répond point...... Entrons que j'examine.....

{ *Il entre dans le cabinet, & dans ce* }
{ *tem -là Constance vient sur la Scene.* }

E iij

SCENE XIV.

CONSTANCE *seule.*

JE n'ai pû joindre encor Frosine
Pour savoir ce qu'elle aura fait ;
Mon impatience est extrême.
Mais Valere sans doute est dans ce cabinet ;
Il faut l'en retirer moi-même.
Vous que l'amour ici tient long-tems arrêté ;
Vous en pouvez sortir en toute sûreté.

(Elle pousse la porte du cabinet &
Damis se presente tout d'un coup)

SCENE XV.

CONSTANCE, DAMIS.

CONSTANCE.

CIel ! que vois-je ?

DAMIS.
Achevez.

CONSTANCE.
Je n'ai plus rien à dire,

DAMIS.
Ma presence doit-elle ainsi vous interdire ?

Quoi ! votre feu se ralentit !
De grace, poursuivez.

C O N S T A N C E à part.

Ah ! ce coup m'étourdit,
Et je ne sçai que lui répondre.

D A M I S.

Perfide, ce silence a dequoi vous confondre ;
Votre trouble me dit assez
Et ce que je dois craindre, & ce que vous pensez ;
Je vois que votre cœur pour un autre sensible,
Montroit contre Damis un injuste courroux.
Pour qu'il ne lui fût pas possible
De troubler des momens si doux ;
Helas ! quelle étoit ma foiblesse,
Ingrate, joüissez en paix
De votre nouvelle tendresse ;
Ne craignez pas que désormais
Je porte aucun obstacle à l'ardeur qui vous presse ;
Adieu, je jure ici de vous fuïr à jamais.

C O N S T A N C E.

Où courez-vous Damis ? quel transport vous anime ?
De quoi m'accusez-vous ? voyons ; & de quel crime
Serois-je coupable à vos yeux ?
Et sur quoi fondez-vous les traits injurieux.....

D A M I S.

Vous me le demandez ?

E iiij

CONSTANCE.

Oüi Damis , je l'ignore.

DAMIS.

Qu'entends-je ! vous ofez encore ,
Loin de rougir de honte à l'afpect d'un amant
Qui se voit aujourd'hui trahi cruellement ,
Affecter à ses yeux une fauffe affûrance
Lors même que tout la dément ?

CONSTANCE à part.

Que ferai-je dans ce moment ?
Dois-je trahir la confiance
Qu'Angelique a montré pour moi ?
Non , puifque fon fecret eft remis à ma foi ,
Notre amitié m'oblige à garder le filence
Et l'honneur m'en fait une loi.
Cherchons d'autres moyens......

DAMIS.

Quelle eft votre défenfe ?
Voyons , parlez .....

CONSTANCE.

Mon innocence.

J'écoute vos difcours , Monfieur , fans m'émouvoir ,
Je n'y puis encore rien comprendre ;
Et j'attends le moment où vous voudrez m'apprendre
D'où naiffent les tranfports que vous me faites voir.

DAMIS.

Cette tranquillité me tuë ;

Et comment pouvez-vous l'avoir ?
Lorfque vous êtes convaincue.

C O N S T A N C E.

Et de quoi ? ne differez point
Au moins Monfieur de m'en inftruire.

D A M I S.

Peut-on déguifer à ce point ?

C O N S T A N C E.

Mais encor , que voulez-vous dire ?

D A M I S,

Quoi ! lorfque du mépris que l'on a pour mes foins
        Mes yeux viennent d'être témoins ,
        Et que je découvre moi-même ,
        Par le plus fingulier effet,
        L'objet de votre amour extrême
        Enfermé dans ce cabinet
Lorfque pour l'en tirer par cet amour conduite
        De m'y trouver je vous vois interdite ;
Vous feignez d'ignorer d'où naiffent mes tranfports,

C O N S T A N C E.

Qu'ofez-vous avancer ! quelle injure effroyable !
Que vous avez ici fait ecraper d'oz

        Ne tentez plus de vains efforts
        Pour ne point paroître coupable ;
Je vous laiffe, perfide, en proye à vos remords,
        Si votre cœur en eft capable.

CONSTANCE.

'Ah de grace, arrêtez, vous êtes dans l'erreur,
Je dois la diffiper, il eft de mon honneur,
Vous vous êtes trompé Damis, je vous l'affure,
Et de mille fermens.....

DAMIS.

Il n'en eft pas befoin,
Qui peut manquer de foi, peut bien être parjure,
Tout ce que vous diriez ne feroit qu'impofture;
J'ai vû....

CONSTANCE.

Qui....

DAMIS.

Je ne fçai.

CONSTANCE.

Non, vous dis-je, Damis,
Encore un coup, cela n'eft pas poffible,
Et la prévention a faifi vos efprits;
Croyez....

DAMIS.

Son affûrance eft incompréhenfible !
Comment ! vous me voudrez nier en ce moment
Que vous ayez ici fait cacher votre Amant.

CONSTANCE.

Sans doute, pouvez-vous le croire ?
Quel tort faites-vous à ma gloire ?
Par quel foupçon, grands Dieux ! voulez-vous la ternir

DAMIS.

Je ne sçaurois en revenir;
La cause en est trop évidente;
Vous soutenez, en vain, pour paroître innocente,
Qu'aucun ici n'étoit caché,
Car je l'ai vû moi-même, & l'ai presque toûché.

CONSTANCE *éclatant de rire.*

Ah ! je vois ce que c'est, & je ne puis qu'en rire.

DAMIS.

Comment donc ! vous riez ?

CONSTANCE.

Oüi vraiment.

DAMIS.

Qu'est-ce-à-dire ?

CONSTANCE.

La méprise est plaisante, & quand vous la sçaurez,
Je suis sûre, Damis, que vous-même en rirez.

DAMIS.

Voyons, expliquez-moi l'enigme impénetrable...

CONSTANCE.

Ce que vous avez vû, ce n'étoit qu'un tableau
Que mon pere a placé vis-à-vis son bureau,
Dont la peinture est admirable ;
C'est d'un homme écrivant le portrait véritable ;
Si bien au naturel, que les yeux sont frapez,
Et comme vous, souvent d'autres s'y sont trompez.

DAMIS.

Certes, l'invention est neuve, ingenieuse ;
Souvent par ce secours on fort d'un embarras ;
Celle - ci cependant ne sera pas heureuse,
  Et ne vous en tirera pas.
  Vous vous imaginez, peut-être,
  Que je sois crédule à ce point ;
J'ai vû marcher quelqu'un que je n'ai-pû connoître ;
  Et les tableaux ne marchent point.

CONSTANCE.

(*à part*) Que dire ? *haut.* Hé bien, Monsieur, il n'est
  plus tems de feindre,
Vous avez vû quelqu'un de caché, j'en conviens.

DAMAS.

A ne plus le nier, j'ai donc pû vous contraindre ?
L'aveu que j'exigeois, à la fin je l'obtiens ;
On vous faisoit, Madame, une injure effroyable.

CONSTANCE.

Cet aveu ne sçauroit me rendre plus coupable ,
Monsieur, & vos soupçons seroient bien-tôt détruits
Si je disois un mot.

DAMIS.

    Vous pourriez ?....

CONSTANCE.

      Je le puis ;
Mais, ne m'y forcez pas, de grace,
Ou si vous m'y forcez, vous verrez dès ce jour,

La haine dans mon cœur succéder à l'amour.
D A M I S.
Je crains peu les effets d'une telle menace;
Parlez, car je ne vois encor dans vôs difcours
Que des fubtilitez, des rufes, des détours.
C O N S T A N C E.
Vous allez pour toûjours exciter ma colere,
Craignez de vous en repentir;
Ce n'eft qu'en me croyant fincère,
Qu'il feroit tems encor de vous en garentir.
D A M I S.
Moi, vous croire fincere! y puis-je confentir?
C O N S T A N C E.
Hé bien, il faut vous fatisfaire,
Mais fongez bien, qu'après l'aveu que je vais faire,
Vous devez vous réfoudre à ne me voir jamais.
D A M I S.
Ah! c'eft de tout mon cœur que je vous le promets.
C O N S T A N C E.
Tu me réduits donc à la honte,
D'avoüer que ma paffion
A m'allarmer étoit fi prompte?
Ignores-tu l'impreffion
Que m'ont fait les foupçons que tu m'avois fait naître?
J'ai voulu moi-même connoître,
Si tu ne cherchois pas, ingrat, à me tromper,
Par les empreffemens que tu faifois paroître,

Pour tâcher de les diffiper :
J'avois mis un homme à ta fuite,
Il obfervoit tes pas, épioit ta conduite,
M'en informoit, j'ai de lui feul appris
A quel point, pour une étrangere,
Ton lâche cœur étoit épris ;
Il venoit aujourd'hui, comme à fon ordinaire,
Me rendre un compte exact, j'ai vû venir mon pere,
J'ai craint qu'il n'en fût apperçû,
De le faire cacher, il étoit néceffaire,
Et voilà cet Amant que tu crois avoir vû.

D A M I S à part.

Me diroit-elle vrai ?

C O N S T A N C E.

Voi toute ma tendreffe,
Conçoi, par cet aveu, quel en étoit l'excès,
Ah ! j'aurai d'éternels regrets
D'avoir montré tant de foibleffe ;
Ma gloire, mon honneur, m'impofoient cette loi,
Pour qu'un ingrat pût me rendre juftice,
Je leur devois ce facrifice ;
Il eft fait, mais tu dois en joüir loin de moi.
Fuis pour toûjours les lieux où je pourrai paroître,
Croi que, de mon côté, je fçaurai t'éviter,
D'un retour, de ma part, ne vas point te flatter,
L'horreur que dans mon cœur tu viens de faire naître
De jour en jour va s'augmenter :

Si par toi je suis outragée ;
Si tes soupçons injurieux
Me rendent jusqu'ici criminelle à tes yeux ;
Bien-tôt par tes remors j'en puis être vengée ;
    Et j'ajoûte ce doux espoir,
Au plaisir que j'aurai de ne plus te revoir ;
Je te jure, perfide, une haine mortelle,
C'est tout ce que mon cœur peut aujourd'hui pour toi ;
    Pour un ingrat, un infidelle,
Qui vient m'ouvrir de pleurs une source éternelle
    En osant soupçonner ma foi.

D A M I S *à part.*

    Ah, je crois qu'elle est innocente !
Et ses larmes en font une preuve constante ;
Quelle étoit mon erreur .... souffrez qu'à vos genoux.

(*Il se jette aux genoux de Constance.*)

C O N S T A N C E.

Allez, cruel, retirez - vous ,
    Je ne puis vous voir davantage.

D A M I S.

Mon aveugle transport, d'un tendre amour l'ouvrage ;
Excite la pitié plûtôt que le courroux ;
    N'allez - pas m'accabler du vôtre ;
J'ose vous en prier au nom de cette ardeur ;
Qui jamais un instant n'a sorti de mon cœur ;
    Pourroit - il brûler pour un autre ?

Conſtance , j'expire en ces lieux
Si je ne lis mon pardon dans vos yeux.
Mon repentir , ſur vous , n'aura-t'il point d'empire.

SCENE XVI.

CONSTANCE, DAMIS, FROSINE

FROSINE *ſans appercevoir Damis.*

MAdame , à la fin je reſpire,
Notre amant eſt ſorti......

DAMIS *ſe levant bruſquement*
Qu'entends-je !

CONSTANCE.
Qu'as-tu dit ?

FROSINE.
Ciel, Damis eſt ici !

DAMIS.
Je me trouve interdit.
Ai-je par ſes diſcours pû me laiſſer ſurprendre ?
A ſes pleurs ai-je pû me rendre ?
Trop aſſûré qu'on trahit mon ardeur,
Convaincu par mes yeux qu'un autre a ſa tendreſſe,
A-t'elle pû par ſon adreſſe,
Me faire croire encor que j'étois dans l'erreur
Et triompher de ma foibleſſe ?

Hé

Hé bien , c'étoit donc un tableau,
Placé vis-à-vis un bureau,
Dont la peinture est admirable ?
C'est d'un homme écrivant le portrait veritable ,
Ou pour mieux sortir d'embarras ,
C'est un homme commis pour observer mes pas.
Vous ne me dites rien ? n'est-il plus de ressource ?
En avez-vous tari la source ?
Quoi ! votre imagination
Vous en laisse manquer en cette occasion ?
Faut-il que ma colere éclatte ?
Que faire ? de quels noms appeller une ingratte
Qui surprend ma credulité ?
Avec quel air de verité
Elle appuyoit sa fourberie !
Etouffons mon ressentiment ,
Un mépris éternel est le seul châtiment
Que merite sa perfidie ....*Il sort.*........

C O N S T A N C E *courant pour l'arrêter.*

Ah ! Damis , attendez , vous allez tout sçavoir....
Il ne m'écoute pas , je suis au desespoir.

Fin du second Acte.

ACTE TROISIE'ME.

La Scene est dans la nuit.

SCENE PREMIERE.

CONSTANCE seule.

J'Ai fait, par un billet, avertir Angelique,
Et j'apprends qu'elle doit venir sans differer ;
Si de mon embarras elle est la cause unique,
  Elle doit seule m'en tirer.
Je la vois......

SCENE II.

CONSTANCE, ANGELIQUE.

CONSTANCE.

AH! venez dissiper les allarmes
 Que vous me causez en ce jour ;
 Pour avoir servi votre amour
Si vous sçaviez helas ! qu'il m'en coute de larmes.

ANGELIQUE.

Frosine m'a tout dit, je suis au desespoir,
Le chagrin que j'en ai ne se peut concevoir.

CONSTANCE.

Damis est furieux, n'a-t'il pas lieu de l'être ?
Puisqu'il a vû Valere.....

ANGELIQUE.

A-t'il pû le connoître ?

CONSTANCE.

Il n'a pas eu le tems, vraiment ;
Mais il n'en croit pas moins que ce soit mon amant ?
Il auroit fallu pour détruire
L'objet de son juste courroux,
Que de votre secret ma bouche eût pû l'instruire ;
Mais je ne l'ai point fait par amitié pour vous,

ANGELIQUE.

Qu'à vos bontez je suis sensible !
Que ne vous dois-je pas ?

CONSTANCE.

Il s'agit aujourd'hui
De m'excuser auprès de lui,
Et de le tromper, cela vous est possible.

ANGELIQUE.

Ah constance ! je ferai tout,
Voyons, pour en venir à bout,
Dites-moi quels moyens il faut mettre en usage.

CONSTANCE.

Je n'en vois qu'un : il faut, sans tarder davantage,
Lui confier l'amour dont on brûle pour vous,
Lui dire qu'à votre priere
J'ai souffert en ces lieux que vous vissiez Valere ;

Que lui seul est l'objet de ses soupçons jaloux.

ANGELIQUE.

Quoi !

CONSTANCE.

Vous le devez, & j'y compte ;
De grace n'allez pas, par une vaine honte,
Craindre d'avoüer votre ardeur.
Vôtre frere sçait que le cœur
Fait pour subir les loix de la tendresse,
S'en défend difficilement,
Et qui ressent cette foiblesse,
Dans un autre pourra l'excuser aisément.

ANGELIQUE.

Y pensez-vous ? à quoi voulez-vous me réduire ?]
Moi j'irois d'un front assuré
Confier mon amour à mon frere, & l'instruire
D'un secret qu'avec peine à vous j'ai déclaré.

CONSTANCE.

Il le faut.

ANGELIQUE.

Je rougis à la seule pensée
De ce que vous me proposez.

CONSTANCE.

Cette honte est très-mal placée,
Et puisque vous me réduisez
A vous parler ici sans feinte,
Je vous dirai que d'un scrupule vain,
En cette occasion je vois votre ame atteinte ;

Vous n'avez pas rougi de voir dans le Jardin
      Le Cavalier qui sçait vous plaire,
    De lui donner des rendez-vous chez moi,
     Je n'imagine pas pourquoi
Vous auriez à rougir d'apprendre à votre frere,
Que l'amour a soumis votre cœur à ses loix ;
    A le faire tout vous oblige,

    A N G E L I Q U E.

Oüi, mais je ne sçaurois.

    C O N S T A N C E.

      Vous le devez, vous dis-je ;
Quoi, la raison sur vous n'a-t'elle point de droits ?

    A N G E L I Q U E.

Hélas ! tel est le sort d'une jeune personne ;
Aime-t'elle, d'abord sa raison l'abandonne,
Le devoir veut en vain procurer son retour,
Il nous parle, & sa voix semble être la plus forte ;
L'amour se plaint, pourtant quand le devoir l'emporte,
Le devoir ne veut pas le céder à l'amour ;
Quels combats nous faut-il soûtenir tour à tour ?
Il n'est point de tourment qui soit égal au nôtre ;
Comme leur intérêt rarement & commun,
Qu'il nous en coûte cher de refuser à l'un
    Ce que nous accordons à l'autre.

    C O N S T A N C E.

On doit fuir le danger avec attention,
    Quand on en connoît l'évidence.

    A N G E L I Q U E.

    Je conviens de mon imprudence,
J'ai trop aveuglément suivi ma passion,

        F iij

On condamne, lorsqu'on y pense,
Ce qu'on fait sans réflexion

CONSTANCE.

Ah ! je n'en fais que trop la triste expérience,
Si j'avois pû prévoir . . . décidons cependant,
A parler à Damis, êtes - vous résoluë ?

ANGELIQUE.

Non, je redoute trop un pareil confident.

CONSTANCE.

Ma priere est donc superfluë ?
Vous me récompensez par un refus ingrat,
Je ne puis disposer votre ame
A me tirer du malheureux état
Où me réduit votre indiscrette flamme.
Est-ce ainsi que votre amitié,
Qui devroit de mes maux partager la moitié,
Répond en ce jour à la mienne ?
Hé-bien, il n'est aucun égard
Qui m'attache, ou qui me retienne,
Puisque je suis traitée ainsi de votre part
Je vaincrai ma délicatesse,
Votre secret n'est plus une raison pour moi,
Et je retire ma promesse,
Vous ne méritez pas que j'en garde la foi.

ANGELIQUE.

Cette menace m'épouvante,
Quel seroit donc votre dessein ?

CONSTANCE.

Je prétends de vos feux informer votre tante,
Ne lui rien déguiser, pour qu'à Damis enfin
Elle puisse assûrer que je suis innocente.

ANGELIQUE.

Ah ! vous me causeriez des troubles infinis.

CONSTANCE.

Je le ferai, je vous l'assûre.

ANGELIQUE.

Constance, je vous en conjure,
Cherchons d'autres moyens pour détromper Damis.

CONSTANCE.

Que pourrois-je lui dire après mon imposture ?

SCENE III.

CONSTANCE, ANGELIQUE, LISETTE.

LISETTE.

JE viens vous dire qu'à l'instant
Vous allez à vos yeux voir paroître Valère.

CHRISANTE.

Si tard dans ma maison !

ANGELIQUE.

Que c'est être imprudent !
Ne sçavois-tu pas t'en défaire ?

LISETTE.

Je venois du logis, malgré l'obscurité :
        Comme je passois dans la ruë ;
        Il m'a, sans doute, reconnuë,
        Et de me suivre, il s'est hâté.

ANGELIQUE.

Que veut-il ?

LISETTE.

        Il demande un moment d'audience ;
Voyez si vous voulez avoir la complaisance....

ANGELIQUE.

        Mais tu rêves, en verité.
        Qu'il ne m'expose pas, de grace,
        A quelques nouveaux embarras ;
Va lui dire, en un mot, que je ne le puis pas.

LISETTE.

Bon, ce n'est point ainsi que l'on s'en débarrasse ;
Il n'est aucun moyen de le faire enaller,
Il s'obstine toûjours à vouloir vous parler.

ANGELIQUE.

Constance, dites-moi ce qu'il faut que je fasse.

CONSTANCE.

        Le voir. Il vient fort à propos,
Vous pourrez avec lui terminer en deux mots ;
Faites-le entrer....

LISETTE.

        J'y cours......(Elle sort.)

SCENE IV.

CONSTANCE, ANGELIQUE,

ANGELIQUE.

Qu'eſt-ce donc que vous faites ?

CONSTANCE.

Ecoûtez quel eſt mon avis ;
Vous pouvez à Valere apprendre qui vous êtes ;
Lui - même peut faire à Damis,
De votre amour l'entiere confidence,
Et bannir ſon erreur ; il eſt de ſes amis,
Votre frere qui ſçait ſon rang & ſa naiſſance ;
A vos communs deſirs ne s'oppoſera pas
Et preſſera votre alliance ;
Ainſi nous ſortirons toutes deux d'embarras.
Mon pere, heureuſement, pour affaire eſt en Ville ;
Mon eſprit ſera plus tranquille,
Je vous laiſſe, mais ſongez bien,
Si ma priere eſt inutile,
Que je ne ménage plus rien. . (Elle ſort)

SCENE V.

ANGELIQUE *seule*.

Je n'essuyai jamais une plus rude gêne ;
        Oserai - je me déclarer ?
Ou laisserai - je encor Constance dans la peine ?
Mon esprit incertain ne peut délibérer ;
La situation n'est - elle pas cruelle ?
        Je ne sçai comment m'en tirer.
On ouvre, c'est Lisette, & Valere avec elle.

SCENE VI.

ANGELIQUE, VALERE, LISETTE.

LISETTE.

Nous serons à present tranquilles en ces lieux,
Car j'ai mis Arlequin là - bas en sentinelle,
        Qui, rempli d'ardeur & de zéle,
Doit me faire sçavoir s'il vient quelque fâcheux.

VALERE.

Madame . . . .

ANGELIQUE.

        Y pensez - vous, Valere ?
Quelle est votre indiscretion ?
Venir si tard dans ma maison !

Je vous trouve bien témeraire…..
        V A L E R E.

Ah ! suspendez votre colere,
Tantôt d'un coup mortel vous m'avez sçu frapper,
Et je viens vous prier de vouloir dissiper
Le trouble qu'en mon cœur vos discours ont fait naître,
    Et qui s'est depuis confirmé.
        A N G E L I Q U E.

Voyons, qui peut, Monsieur, vous avoir allarmé ?
Et d'où naît le souci que vous faites paroître ?
        V A L E R E.

    Du peu d'espoir dont mes feux sont suivis,
    Surtout de la défense expresse,
Qu'ici vous m'avez fait, de rien dire à Damis
    Qui regardât notre tendresse.
        A N G E L I Q U E.

Je ne vois rien en cela qui vous blesse.
        V A L E R E.

Damis est comme moi frappé de vos attraits,
D'ailleurs il a chez vous, Madame, un libre accès,
    Je n'en sçaurois douter encore,
    Puisque tantôt je l'en ai vû sortir.
        A N G E L I Q U E.

    Je ne veux point vous démentir ;
Mais qu'en presumez-vous ?
        V A L E R E.

            Je crois qu'il vous adore,
Et que vous répondez, peut-être à son ardeur.

LISETTE.

C'est bien l'imaginer.

ANGELIQUE.

Vous êtes dans l'erreur.

LISETTE.

Elle est grande, je vous le jure.

VALERE

Ah ! ce n'est point ainsi que mon cœur se raſſûre ;
Contre un juste soupçon vous vous défendez mal,
Je ne le vois que trop, Damis est mon rival.

ANGELIQUE.

Quoi ! vous auriez cette penſée ?

VALERE.

J'en ai tout lieu.

ANGELIQUE.

Je dois vous en deſabuſer,
Ma gloire en est trop offenſée,
Et par pluſieurs raiſons je m'y trouve forcée,
C'est une loi qu'on vient de m'impoſer ,
Damis. . . . . .

VALERE.

Hé - bien , Damis !

SCENE VII.

ANGELIQUE, VALERE, LISETTE, ARLEQUIN.

ARLEQUIN.

C'Est te servir ma brune
Avec affection.

LISETTE.

Hé bien, que m'apprends-tu ?

ANGELIQUE.

Qu'est-ce ?

ARLEQUIN.

Une personne importune
Qui vient d'entrer à l'impromptu.

ANGELIQUE.

Ce sera, sans doute, mon pere.

ARLEQUIN.

Il a poussé la porte, & s'est glissé sans bruit,
Je n'ai pû le connoître, & d'ailleurs il est nuit,
Et dans la nuit je n'y vois guére.

ANGELIQUE.

Eteignons ces flambeaux, & dans l'obscurité
Rentrons ..... sans differer retirez-vous Valere.
(Lisette éteint les flambeaux.)

VALERE.

Je sors, mais je reviens m'éclaircir du mystere,
Mon esprit trop long-tems en seroit agité.

ARLEQUIN.

Ne m'abandonnez pas, Monsieur, par charité.

(Valére & Arlequin sortent à tatons
du côté de la petite porte.

ANGELIQUE.

Lisette allons trouver Constance.

SCENE VIII.

Angelique, & Lisette cherchent
à rentrer dans le tems que Damis
dit les vers suivans.

ANGELIQUE, DAMIS, FROSINE.

DAMIS.

Tout est ici dans le silence,
Personne ne m'a vû rentrer dans ce logis ;
    Ah ! puisque mes feux sont trahis ;
    Frosine me dira, peut-être,
    Quel est le rival odieux,
    Dont on reçoit ici les Vœux ;
Pour me venger sur lui, si je puis le connoître,
    Du mépris qu'on fait de mes feux.
J'entend marcher quelqu'un... *Il tousse...*

ANGELIQUE.

Est-ce encore vous, Valére.

DAMIS, *la prenant par le bras.*

Non, non, perfide!

ANGELIQUE.

C'est mon frere,

Juste Ciel ?

D A M I S.

Quoi ? Valere, est ce rival heureux,
Que votre cœur aujourd'hui me préfere ?
Parlez, l'obscurité qui regne dans ces lieux,
Sert à dérober à mes yeux
La honte & la rougeur dont votre front se couvre,
Vous voilà convaincue, à la fin je découvre,
A quel point aujourd'hui vous osez m'outrager.

A N G E L I Q U E *bas à Lisette.*

Lisette que je suis dans une affreuse gêne !

D A M I S.

Qui vous fait briser notre chaîne ?
Qui peut vous réduire à changer ?
Répondez-moi, parlez ingrate, quelle excuse
Pourrez-vous encore m'opposer ?
Me direz-vous que mon esprit s'abuse ?
Par des contes nouveaux allez-vous m'amuser ?
Tâchez:....

A N G E L I Q U E.

A lui parler je ne puis m'exposer,

On

SCENE IX.

ANGELIQUE, DAMIS, CONSTANCE, LISETTE.

CONSTANCE.

JE ris de l'embarras où se trouve Angelique,
Il faudra qu'à la fin le mystere s'explique,
Ecoutons....

> Pendant que Constance dit ces deux Vers,
> Angelique qui s'est débarrassée des mains
> de Valere rentre avec Lisette, Damis qui la
> poursuit rencontre Constance & la prend
> par le bras.

DAMIS.

Vous cherchez en vain à m'échaper,
Je vous suivrai pour vous confondre,
Je vous tiens, parlez-moi, n'osez-vous me répondre ?

CONSTANCE.

Ce n'est pas moi, Damis, vous allez vous tromper.

DAMIS.

Comment ! ce n'est pas vous cruelle ?
Vous ne trahissez pas le malheureux Damis ?
Et pour suivre une ardeur nouvelle,
Vous n'abandonnez pas l'Amant le plus soumis ?

CONSTANCE.

Non, qu'il me soit du moins permis......

DAMIS.

Ah ! vous verrez qu'une autre ici cherchoit Valere ;

On

On vous accuse à tort, non ce n'étoit pas vous
Qui prépariez son cœur à des momens si doux.

CONSTANCE.

Non, vous dis-je, attendez, vîte de la lumiére.

SCENE X.

CONSTANCE, DAMIS, FROSINE,
Qui apporte deux flambeaux.

FROSINE.

Quel bruit on fait ici ? quelle confusion !
De quel trouble, Monsieur, vois-je votre ame émuë ?

DAMIS.

Tu me fais cette question ?

FROSINE.

Sans doute.

DAMIS à *Constance.*

Hé bien, parlez....
CONSTANCE *regardant de tous côtez.*
Qu'est-elle devenuë ?
Je ne la trouve pas, Frosine, j'ai bien peur
Qu'elle ne se soit échapée,

FROSINE.

Pour le coup, vous seriez ma foi bien attrapée.

CONSTANCE.

Evitons un pareil malheur,

G

Cours pour la ramener........ *Frosine sort.*

SCENE XI.
CONSTANCE, DAMIS.
DAMIS.

D'Où vous vient cette ardeur?
Qui cherchez-vous, Valere?

CONSTANCE.

Hé! non; c'est votre sœur.

DAMIS.

Ma sœur!

CONSTANCE.

Oui Damis, elle-même,
Valere lui parloit ici dans ce moment,
Et vous l'avez pour moi prise infailliblement.

DAMIS.

Que son assurance est extrême!
Mon esprit en est étonné,
Jamais un pareil trait s'est-il imaginé?

CONSTANCE.

Non, rien n'est plus certain.

DAMIS.

Ah par cette imposture,
Vous faites à ma sœur une cruelle injure,
Je ne puis la souffrir, cherchez d'autres détours,
Trouvez quelque ruse nouvelle,
Mais ne prétendez-pas faire tomber sur elle

Le prétexte de vos amours;
De Valere, ma sœur n'est point du tout connuë,
Il ne l'a même jamais vûë,
Et d'ailleurs on sçait que toujours,
Angelique a vécu sous les yeux d'une tante,
Trop exacte & trop vigilante;
Je n'ai pas lieu d'appréhender
Qu'elle ait osé former une telle entreprise;
Elle n'ignore pas que sa main est promise,
Et vous cherchez envain à me persuader.....

C O N S T A N C E.
Et si je puis vous en convaincre,

D A M I S.
Vous aurez pour cela des obstacles à vaincre;
Contr'elle je n'ai pas ces injustes soupçons.

C O N S T A N C E.
Voulez-vous m'écouter?

D A M I S.
Voyons donc ces raisons,
Sachons encor par quelle adresse
Vous pourrez......

C O N S T A N C E.
Votre ami, d'une forte tendresse,
Pour Angelique est épris aujourd'hui,
Et votre sœur ressent le même amour pour lui;
Cet amour mutuel, le hazard l'a fait naître,
Et chacun d'eux y trouve des appas,
Il est aisé de le connoître.

DAMIS.

Fort bien.

CONSTANCE.

Ne m'interrompez pas ,
Et de tout , je vais vous instruire ,

DAMIS.

Allons , il faut vous laisser dire.

CONSTANCE.

Ils se sont vûs souvent dans ce jardin ,
Par elle j'en suis informée ,
Elle est venuë ici me trouver ce matin
Pour me faire part d'un dessein ,
Qui m'a d'abord fort allarmée ,
Et me prier avec empressement ,
De lui laisser parler à Valere un moment ,
Avec Lisette en cette sale ,
Je l'ai voulu refuser vainement ,
Il m'a fallu ceder , complaisance fatale !
Plein de votre prévention ,
Mon silence chez vous a passé pour un crime ,
Et jusqu'ici je me vois la victime
De mon trop de discretion.

DAMIS.

Est-ce-là la fin de l'histoire ?

CONSTANCE.

Quoi ! vous refusez de me croire ?

DAMIS.

Hé ! puis-je à vos discours , ajoûter quelque foi !

Non , vous ne devez point l'attendre ,
Je suis même surpris que vous ofiez prétendre
D'avoir encor quelque crédit fur moi.]

CONSTANCE.

Vous allez changer de langage ;
Attendez un moment , votre fœur va venir ,
Vous pourrez par fon témoignage ,
Voir qui d'elle ou de moi l'on doit plûtôt punir.
La voici.

DAMIS *avec furprife.*

Me trompai-je ?

SCENE XII.

CONSTANCE, ANGELIQUE, DAMIS, FROSINE, LISETTE.

FROSINE.

APrès bien de la peine
Madame enfin je vous l'ameine.

ANGELIQUE *à part.*

Mon embarras eft grand , il faut le foutenir ;

CONSTANCE.

Venez détromper votre frere ,
De vous feule il attend l'aveu de votre ardeur ,
Decouvrez-lui tout le myftere ,
Et faites-le fortir enfin de fon erreur.

G iij

DAMIS.

Ma sœur si tard ici ! qu'y venez-vous donc faire ?

ANGELIQUE.

N'en soyez pas surpris ; Damis,
Tantôt par une lettre à ma tante adressée,
De m'y laisser venir, Constance l'a pressée,
Elle-même me l'a permis,

DAMIS.

Oh ! je m'étonnois bien ....

CONSTANCE.

Il s'agit d'autre chose,
Apprenez-lui quelle est la véritable cause
De son jaloux entêtement,
Ne vous défendez pas, parlez sincerement,

FROSINE.

Nous sçavons ce qu'il nous en coûte,
Pour avoir eu trop de ménagement,

DAMIS.

Vous ne penseriez pas sans doute,
Quel est le magnifique & le charmant portrait,
Que Constance, de vous, tout-à l'heure m'a fait,
Vous avez-là, ma sœur, une fort bonne amie,
Qui près de moi vous avoit bien servie.

FROSINE.

Nous avons dit la vérité ;
Et je la soûtiendrois au péril de ma vie.

CONSTANCE.

Allons, à quoi vous sert cette timidité ?

Rompez au plûtôt le silence,

Les délais seroient superflus,

Votre frere n'ignore plus

Que l'amour a sur vous exercé sa puissance.

FROSINE.

Parlez, Madame, s'il vous plaît.

ANGELIQUE.

Que me demandez-vous ? je ne sçai ce que c'est.

CONSTANCE.

Que dites-vous ?

FROSINE.

Comment !

DAMIS.

Ma sœur par complaisance,

Puisqu'on veut vous donner Valere pour Amant,

Consentez-y pour un moment.

ANGELIQUE.

Valere ?

DAMIS.

Oüi, lui.

ANGELIQUE à Damis.

Je suis étonnée & confuse,

Que d'un pareil amour aujourd'hui l'on m'accuse.

CONSTANCE.

Vous niez.

ANGELIQUE bas à Constance.

J'ai beaucoup de raisons pour cela.

CONSTANCE.
J'en ai beaucoup aussi pour que la chose éclate.
FROSINE.
Ah, la méchante que voilà ?
CONSTANCE.
Comment ! jusqu'à ce point vous trouverois-je ingrate ?
Osez-vous soutenir, voyant mon embarras,
Que Valere pour vous . . . . .
ANGELIQUE.
Je ne le connois pas,
Pourquoi voulez-vous que je dise,
Que de lui mon ame est éprise ?
DAMIS.
Mais il faloit la prévenir ;
Elle auroit eu moins de surprise,
ANGELIQUE.
Que doit-il donc vous revenir.
De me faire une telle injure ?
DAMIS.
Je le sçavois bien moi que c'étoit imposture ;
Et j'étois bien certain . . . . .
ANGELIQUE.
J'aime Valere moi !
Mais, mon frere, de bonne foi,
Y voyez-vous quelque apparence ?
Moi qui de la maison ne sors jamais,
Comment en avoir pû faire la connoissance ?
Moi dont les pas sont suivis de si près.

DAMIS.

C'eſt ce que je diſois, mais malgré ſa malice,
Soyez trés - certaine, ma ſœur,
Que je vous ai rendu juſtice.

CONSTANCE.

Ingrate ; c'eſt donc là le prix de mon ſervice ?
De votre ame je vois à préſent la noirceur ;
Ne rougiſſez - vous pas d'en agir de la ſorte ?
Et d'oſer ſoutenir, par un menſonge affreux,
Que Valere n'eſt pas l'objet de tous vos vœux ?
Je n'y ſçaurois tenir le dépit me tranſporte.

SCENE XIII.

LES ACTEURS PRECEDENTS, VALERE.

VALERE.

L'Impatience enfin me ramene en ces lieux.
Mais, que vois-je ! Damis s'y préſente à mes yeux !

DAMIS.

Valere ! quel ſoupçon s'empare de mon ame.

ANGELIQUE *à part.*

Tout va ſe découvrir.

CONSTANCE.

Vous venez à propos,
Monſieur, dites - nous, en deux mots,
Laquelle de nous deux fit naître votre flamme.

Parlez, de cet aveu dépend notre repos.

VALERE.

Je vous obéïrai, Madame,
Je ne crains pas de convenir
Que je brûle d'un feu qui ne sçauroit finir ;
Il ne faut pas que cela vous étonne ;
Cher Damis, la voilà cette aimable personne
Dont je t'avois dépeint la grace, la beauté.
T'ai - je fait un portrait fidéle ?
Et des appas qu'on voit en elle,
Peut-on n'être pas enchanté ?

DAMIS *à part.*

Ma sœur aime Valere, & la chose est réelle.

CONSTANCE *à Valere.*

Peut - être vous vous méprenez,
Monsieur, vous lui feriez un tort considerable ;
D'un tendre attachement son cœur n'est point capable,
Et d'ailleurs tous ses pas sont trop examinez.

ANGELIQUE.

Chere Constance, pardonnez.

VALERE.

Détruits, mon cher Damis, un soupçon qui m'allarme,
Aimerois - tu la beauté qui me charme ?
Tes vœux sont - ils reçus ? serois - tu mon rival ?

FROSINE.

Le soupçon est original.

DAMIS.

Quoi ! cette Dame encore te seroit inconnuë ?

VALERE.

Elle s'est toûjours défenduë
De me dire quel est son nom;
'Apprenez - moi . . . .

DAMIS.

C'est ma sœur.

VALERE.

Quoi ! ta sœur ?

DAMIS.

Tout de bon.

VALERE.

Que cette surprise m'est chere !
Accorde-là, Damis, à ma priere;
Que je puisse aujourd'hui devenir son époux;
Joignons au nom d'ami le doux nom de beau-frere;
Madame, y consentirez-vous ?

SCENE DERNIERE.

LES ACTEURS PRECEDENTS, CHRISANTE, ARLEQUIN.

CHRISANTE *entraînant Arlequin.*

Viens maraut.

ARLEQUIN.

Traite-t'on les gens de cette sorte ?
Je suis un honnête garçon.

CHRISANTE.

Que faisois-tu, dis moi, planté sur cette porte?
Parle, ou mille coups de bâton.

ARLEQUIN.

Ah! Monsieur, j'attendois mon Maître,
Le voilà, demandez.....

VALERE.

Monsieur, il a raison.

CHRISANTE.

Mais, Monsieur, je n'ai pas l'honneur de vous
connoître.

DAMIS.

Ne vous étonnez pas, c'est un de mes amis,
Et qui sera dans peu mon beau-frere, peut-être.

CHRISANTE.

Et vous bientôt aussi, mon gendre, cher Damis.

DAMIS.

Non, je ne puis avoir cette douce esperance
Si vous ne réduisez Constance
A m'accorder aujourd'hui mon pardon.

CONSTANCE.

Vous m'avez fait, Damis, une cruelle offensé,
Mais puisque de votre soupçon
La cause m'est si favorable,
Et que de votre amour je suis certaine enfin,
Que mon esprit ne vous voit plus coupable,
En vous rendant mon cœur, je vous donne ma main.

DAMIS.

Le fort pouvoit-il mieux feconder mon attente ?

CHRISANTE.

Que veut donc dire ce retour.

DAMIS.

Vous fçaurez tout, Monfieur Chrifante,

Il me refte encore en ce jour

A faire approuver à ma tante

L'amour de mon ami . . . .

CHRISANTE.

Je veux qu'elle y confente ;

Je m'en charge , il faudra célébrer à la fois

Ces deux Hymens.

ARLEQUIN *embraffant Lifette.*

Monfieur il en faut faire trois.

Et puifqu'ici chacun va prendre fa chacune ,

A me pourvoir auffi j'avois déja fongé ;

Je prendrai pour mon lot cette charmante brune ,

Et je ne ferai pas le plus mal partagé.

FIN DE LA COMEDIE.

J'Ai lû par l'ordre de Monfeigneur le Garde des Sceaux , *Les Contre-Tems* , Comedie en vers , & je n'y ai rien trouvé qui puiffe en empêcher l'impreffion. A Paris le neuf Mars 1736.

DE BEAUCHAMPS.

www.ingramcontent.com/pod-product-compliance
Ingram Content Group UK Ltd.
Pitfield, Milton Keynes, MK11 3LW, UK
UKHW020910120726
13693UKWH00003B/974